AF567835

Renate Schoof

Kirschen zum Frühstück

Renate Schoof

Kirschen zum Frühstück

Erlebte Geschichten

Butzon & Bercker

Bibliografische Information der Deutschen Nationalbibliothek

Die Deutsche Nationalbibliothek verzeichnet diese Publikation in der Deutschen Nationalbibliografie; detaillierte bibliografische Daten sind im Internet über http://dnb.d-nb.de abrufbar.

Das Gesamtprogramm
von Butzon & Bercker
finden Sie im Internet
unter www.bube.de

ISBN 978-3-7666-2831-2

2. Auflage 2022

Umschlagabbildung: © stivog – stock.adobe.com (Tasse, Kirschen);
© Alexey Davlutas – stock.adobe.com (Hintergrund)
Umschlaggestaltung: Werner Dennesen, Weeze
Layout und Satz: SATZstudio Josef Pieper, Bedburg-Hau

Inhalt

Vorwort

Mutmach-Geschichten vom Älterwerden, von den Freuden und Herausforderungen, die der Lebensabschnitt 70 plus bereithält: Sie erzählen von Geburtstagen, von einer Diamantenen Hochzeit, von beglückenden Freiräumen, aber auch vom lebensklugen, kreativen Umgang mit dem Alleinleben, mit Veränderungen des Alltags und mit Hilfsbedürftigkeit. Und so unterschiedlich die Leben der Menschen in den Erzählungen bisher verlaufen sind, so verschiedenartig ist auch ihr Umgang mit schönen und schwierigen Ereignissen.

Einige der Protagonisten lernen ganz neue Seiten an sich kennen, andere schließen Freundschaft mit ihren Schwächen und erfahren, wie gut es tut, bei sich zu sein. Viele fühlen eine gewisse Dankbarkeit und ein grundsätzliches Vertrauen. Dieses Lebensgefühl kann gespeist sein vom guten Miteinander mit anderen, vom Trost, den die Natur, die Kunst, die Weltliteratur und die Musik oder der Glaube bereithalten. Ein Schatz von Erinnerungen und inneren Bildern bereichert die Begegnung mit Neuem, vermag Trauer um den Tod des Partners zu lindern, zu helfen, eine Krankheit oder auch das Nachlassen der Lebenskraft anzunehmen. Mehrere Erzählungen thematisieren das Zusammenleben im Seniorenheim. Es wird zur Chance, Ängste zu verarbeiten; in Geselligkeit Einsamkeit zu überwinden oder sich einen sehr alten Wunsch zu erfüllen.

Mut und Seelenstärke gibt vielen der Protagonisten die Rückschau auf ein unverwechselbares Leben, in dem frohe und schwere Stunden und Tage ihre Spuren hinterlassen haben. Die Lektüre regt an, der Weisheit der eigenen Seele zu folgen und jedes neue Lebensjahr als Geschenk zu empfinden.

In die Freiheit

Endlich kann er seinen Gefühlen freien Lauf lassen. Endlich sitzt er auf seinem alten, schwarzen Fahrrad und darf heimfahren, zum letzten Mal auf dem ihm lieb gewordenen schmalen Weg zwischen der Trabrennbahn und Gärten, in denen zwischen Tannen Rosen, Hortensien und hellblauer Rittersporn leuchten. Nein, er wird nicht weiterarbeiten. Auch nicht stundenweise, wie es die Schulleiterin vorgeschlagen hat. Er ist 65 Jahre alt, und dies war sein letzter Schultag. Tränen fließen über seine Wangen. Mit ihnen wäscht er sich den Abschiedsschmerz von der Seele.

Nur mühsam hat er diese Tränen zurückhalten können, als seine dritte Klasse für ihn zum Abschied gesungen hat. Er kennt jedes einzelne Kind so gut, mit seinen Stärken und Schwächen, mit den liebenswerten und den schwierigen Seiten.

Mütter und Väter waren gekommen, um ihm Lebewohl zu sagen. Die Elternsprecherin überreichte ihm einen Sommerblumenstrauß und ein Buch mit von den Kindern gemalten Bildern, mit Fotos und kleinen Briefen. Auch diese gestandene Frau war sichtlich berührt, so wie viele in dem liebevoll geschmückten Klassenraum. Ja, sie waren alle miteinander ein gutes Team gewesen, die Kinder und die Erwachsenen. Gewiss, es hatte auch Durststrecken und rabenschwarze Tage gegeben. Aber das gehörte dazu.

Als junger Lehrer hatte er versucht, sich dagegen zu wehren, die Kinder seiner Klasse zu lieben. Mit der Zeit fand er es normal, sich den Kindern innerlich nah zu fühlen, ihre Freuden und Leiden zu teilen. Ein Stück weit ist er wohl immer Kind geblieben. Vielleicht ist das unprofessionell. Wer weiß, was der Schulpsychologe dazu gesagt hätte, denkt er ein wenig ironisch. Dass er mit seiner Haltung Schaden angerichtet hat, glaubt er nicht. Immerhin hält er zu jedem Menschen so viel Distanz, wie der andere braucht; dafür hat er ein Gespür, da muss er sich keine Sorgen machen.

Über all das nachzudenken, neutralisiert seine Gefühle. Im Schatten einer Kastanie steigt er vom Rad, putzt sich die Nase und wischt sich die Tränen von den Wangen. Bevor er weiterfährt, atmet er tief durch. Ein langer, arbeitsreicher Lebensabschnitt mit viel Verantwortung liegt hinter ihm. Das ist vorbei. Unglaublich. Dieser Weg, den er bei Wind und Wetter, bei Regen und Schnee, im Winter sogar morgens früh im Dunkeln, gefahren ist, wird jetzt nicht mehr sein Weg sein.

Das Gefühl, frei zu sein, erreicht ihn mit solcher Wucht, dass er sich am Fahrradlenker festhalten muss. Lachend schüttelt er den Kopf, fühlt sich wie ein Fohlen, das nach dem Winter auf die Weide gelassen wird und erst einmal wild herumtollt. Ab sofort kann er tun und lassen, was er will.

Wie wäre es, in dem kleinen Gasthof im Park zu Mittag zu essen? Er könnte auch einen Flug nach Brasilien buchen – oder nachts Bücher lesen und morgens ausschlafen. Nie mehr wird ihn der Wecker um sechs Uhr wachklingeln, nie mehr wird er Unterricht vorbereiten, Hefte korrigieren, Protokoll bei einer Konferenz führen müssen.

Auf dem Weg zum Park kommt er am Friedhof vorbei. Das Grab seiner Frau besucht er selten. Sie hat ihren Platz in seinem Herzen. Jetzt lacht er spitzbübisch. Wie zu Lebzeiten wird sie ihn durchschauen, wird wissen, dass er ihr die beiden wunderbaren Blumensträuße, die er auf dem Gepäckträger hat, nur deshalb bringt, weil sie ihm lästig sind, weil sie ihn auf seinem Weg in die Freiheit behindern. Die beiden Grabvasen, die hinter dem Stein im Boden stecken, können die dicken, bunten Sommersträuße kaum fassen. Auch die Kolleginnen haben es wirklich gut mit ihm gemeint.

Als er sich beim Weggehen noch einmal umschaut, spürt er, wie sehr seine Frau sich mit ihm über seine Freiheit freut, über die von seinem Beruf als Lehrer und die von der Krankenpflege. „Bald wirst du dir keine Sorgen mehr um mich zu machen brauchen", hat sie am Morgen des Tages gesagt, an dem sie starb. Für sie beide war der Tod eine Erlösung gewesen. Den Satz empfand er nicht als Phrase, es war so. Nun leuchtet ihr Grab bunt und freundlich.

Im Gasthof „Alte Meierei“ setzt er sich unter einen der Sonnenschirme ins Freie und bestellt Gemüsesuppe mit Rindfleisch. Zum Nachtisch wird er sich einen Eisbecher spendieren. Geborgen zwischen den uralten Laubbäumen macht er sich Gedanken über seine Zukunft, über die nächsten Tage, Wochen und Jahre. Wie lange schon ist er nicht mehr gereist? Er war froh, in den Ferien Zeit für seine kranke Frau zu haben. Und bevor sie krank wurde, war er ihr zuliebe mit in ihre Heimat nach Süddeutschland gefahren. Im Norden vermisste sie die Berge.

Sie wusste nicht, dass er Berge bedrückend, ja bedrohlich fand, die engen Täler des Schwarzwaldes ebenso wie die Felswände der Alpen. Er mag die freie Sicht bis zum Horizont, am liebsten am Meer. Seine zweite Liebe gilt den Städten, und in den Städten den Museen und Kirchen. Vielleicht sollte er gleich morgen an die Nordsee fahren und im September eine Italienreise machen, beginnend in Florenz, weiter durch die Toskana und dann ein paar Tage Rom.

Ab Oktober will er Kunstgeschichte studieren, offiziell oder inoffiziell, das wird sich zeigen. Zunächst wird er in der Universitätsstadt in einer Pension wohnen, später eine kleine Wohnung mieten, um während des Semesters vorwiegend dort zu sein.

Er überlegt, wie anders sein Leben verlaufen wäre, wenn er nach dem Abitur gleich Kunstgeschichte studiert hätte. Dazu hat ihm der Mut gefehlt. Zudem war sein Wunsch, Lehrer zu werden, stärker. Ihn trieb eine geradezu leidenschaftliche Motivation, Kindern als Grundschullehrer einen angstfreien Start in die Schulzeit zu ermöglichen.

Während er seine Suppe löffelt, denkt er an die eigene Grundschulzeit. Waren es nicht sechs verlorene Jahre, in denen er und seine Mitschüler und Mitschülerinnen nur wenig gelernt haben? Nach dem Wechsel aufs Gymnasium war ihm das klar geworden. Zum Glück halfen ihm und seinem damaligen Freund geduldige Lehrer, die Wissenslücken zu füllen.

Bis zur Einschulung war er ein fröhliches Kind gewesen, offen, schlagfertig, ausgestattet mit dem Mutterwitz seiner Großmütter. Es wurde viel gelacht – und geweint – in der Familie. Als ein Nachbar zu ihm sagte: „Ein Junge weint nicht“, hat er geantwortet: „Ich bin ein Junge und ich weine! Mein Vater und mein Onkel Wilhelm weinen auch.“ Das war zu einem Familienspruch geworden: „Mein Vater und mein Onkel Wilhelm auch.“ In der Schule wurde wenig gelacht und Weinen war verpönt.

Auf den ersten Schultag hatte er sich so gefreut! Er konnte es kaum erwarten, Lesen und Schreiben zu lernen. In der Klasse herrschte Gedränge. Mütter begleiteten ihre Kinder zu ihren Plätzen. Und sicherlich hatte die Gutmütigkeit der Mutter dazu beigetragen, dass er schließlich den Platz auf der engen Bank neben einem Jungen bekam, der keinen Moment still saß, der seinen Oberkörper hin und her wiegte und mit den Händen in der Luft herumfuhrwerkte und ihn dauernd anstieß.

„Er kann nichts dafür“, flüsterte seine Mutter, bevor sie, wie die anderen Mütter, die Klasse verließ. Aber er war damit völlig überfordert. Zweifellos hatte sein Entsetzen über das verhaltensauffällige Kind zu seinem Fehlstart in diese fremde Welt beigetragen. Die irrationale Unordnung im Verhalten seines Banknachbarn stand in krassem Gegensatz zu der geforderten Ordnung: still sitzen, Hände falten, sprechen erst nach ausdrücklicher Erlaubnis, wenn man sich gemeldet hatte, lachen besser gar nicht.

In den Pausen entlud sich die erzwungene Stille und Bewegungslosigkeit in einem Höllenlärm, in Gerangel und Schubsen. Dazwischen das laute Schimpfen von überforderten Lehrerinnen und von Lehrern, die als Kriegsheimkehrer auf andere Art unberechenbar geworden waren, die Kinder bedrohten, um ihre Ruhe zu haben. Angst zu haben, lernte er vom ersten Tag an.

Der Schulweg war weit. So schien es selbstverständlich, dass die Mutter ihn in der ersten Woche begleitete. Als er dann allein gehen wollte, bekam er dort, wo der Spielbezirk seiner Kindheit endete, so heftiges Bauchweh, dass er umkehren musste. Wenn seine Mutter mit ihm ging, konnte er die übergroße Angst vor den Schulstunden überwinden.

Eines Morgens fühlte sich seine Mutter nicht wohl und er beschloss, allein in das feindliche Außerhalb zu marschieren, komme, was da wolle. Es war ein heller Tag. Als wäre er sonst halbblind durch den Morgen gelaufen, nahm er nun eine Menge sehenswerte Dinge wahr. Er traf sogar eine Mitschülerin, mit der er fortan den Weg gemeinsam gehen konnte.

Im Klassenzimmer angekommen, setzte er sich einfach neben einen Jungen, den er nett fand. Durch Krankheit war dort, in der Klasse mit 48 Schülerinnen und Schülern, ein Platz frei geworden. Die Lehrerin hatte wohl begriffen, dass er zu jung und zu empfindlich war, um an der Seite des unberechenbaren Mitschülers etwas zu lernen. Jedenfalls ließ sie ihn gewähren, duldete seine Eigenmächtigkeit. An diesem Tag hat er gespürt, dass zur Freiheit Mut gehört. Und dass es guttut, frei zu sein. Und wie leicht es sein kann, Angst und Bequemlichkeit zu überwinden.

In jedem Klassenraum, in dem er unterrichtete, hängte er den Spruch „Angst macht dumm“ auf. Wahrscheinlich hat kein Schüler und keine Schülerin vor ihm je Angst gehabt.

Lautstark-fröhliches Geplauder unterbricht den Fluss seiner inneren Bilder. Am Nachbartisch haben junge Leute Platz genommen. Er steht auf, um drinnen am Tresen zu zahlen. Er braucht jetzt Ruhe. Sein Eis mit Sahne wird er abends essen, in seinem Lieblingscafé.

Der 85. Geburtstag

Zum Frühstück holt Bernadette sich jeden Morgen die Zeitung aus dem Briefkasten unten im Haus. Sie ist froh, die Treppe noch gehen zu können. Wenn mal wieder jemand meint, es sei Zeit für sie, in ein Altersheim zu ziehen, antwortet sie: „Solange ich die Treppe noch gehen kann, bleibe ich lieber in meiner kleinen Wohnung."

Manchmal staunt sie selbst darüber, nun schon 96 Jahre alt zu sein. Aber ihr ist es selbstverständlich, so zu leben, morgens die Kaffeemaschine in Gang zu setzen, nach dem Frühstück in die Zeitung zu schauen, sich interessante Artikel für das Lesen am Nachmittag aufzuheben und das Kreuzworträtsel zu lösen, um geistig beweglich zu bleiben, vor allem aber, weil es ihr Freude macht, all die Fragen nach Zuflüssen des Rheins, nach römischen Göttern und Wer-weiß-noch-was beantworten zu können.

An diesem Morgen liegt neben der Zeitung ein Brief im Kasten. Das kommt inzwischen seltener vor. Und es ist etwas besonders Schönes: eine Geburtstagseinladung. Wie ein Kind freut sie sich darüber. Inge, eine der Cousinen ihres vor mehr als dreißig Jahren verstorbenen Mannes, wird 85. Noch dazu eine, mit der sie sich schon immer gut verstanden hat.

Das Restaurant, in dem das Fest stattfinden soll, befindet sich allerdings am anderen Ende der Stadt. Sie wird länger als eine Stunde mit Straßenbahn und Bus unterwegs sein müssen dorthin. So lange „Reisen" fallen ihr nicht mehr so leicht.

Nach dem Frühstück ruft sie ihre Schwägerin an, Marlies, die jüngere Schwester ihres Mannes. Sie spürt deren Freude am anderen Ende der Leitung: „Dette, wie schön, deine Stimme zu hören."

Ja, die Einladung hat Marlies auch bekommen: „Es ist schade, aber ich traue mir das nicht zu", erklärt sie. „Mein Blutdruck, du weißt ja. Im Moment geht es mir überhaupt nicht so, dass ich irgendwohin gehen möchte. Ich werde absagen, obwohl ich euch alle so gern einmal wiedersehen und umarmen würde." Durch das Telefon ist ein wehmütiges Lächeln zu ahnen.

Eine Woche später, beim Telefongespräch mit der Tochter der Jubilarin, erfährt sie, dass Inge vierzig Personen eingeladen hat. „Sie möchte all die Lieben ihres Lebens noch einmal um sich versammeln." In den Worten schwingt der Gedanke mit: Niemand weiß, wie oft das noch möglich sein wird. „Es wäre so schön, wenn du kämest, Tante Bernadette!", sagt die Nichte. „Es haben schon so viele abgesagt."

Sie hat sich entschlossen, dabei zu sein, wenn Inge den Tag ihrer Geburt feiert, und macht sich an einem freundlichen Septembermorgen gut ausgeschlafen und festlich gekleidet auf den Weg. Während der langen Fahrt in der Straßenbahn träumt sie sich zurück, denkt an Geburtstage vor vielen Jahren. Oft saßen sie in großer Runde im Garten. Es gab selbst gebackenen Pflaumenkuchen mit Schlagsahne und – Wespen. Sie denkt an Geburtstage, als die Kinder noch klein waren, als sie alle noch jung waren.

An den Abenden der vergangenen Tage hat sie in Fotoalben geblättert, ist zurückgekehrt zu all den Festen, die gemeinsam gefeiert worden waren. So viele Bilder von Hochzeiten …

Von ihrer eigenen gibt es nur innere Bilder. Es berührt sie, an das Fest zu denken, das ihre Eltern 1944 für sie und ihren Friedrich ausgerichtet hatten. Seinerzeit war Inge noch ein Kind gewesen. Während die Straßenbahn die Stadt durchquert, hat sie den Hochzeitsurlaub im letzten Kriegsjahr vor Augen. Nachts – zum Glück gab es keinen Bombenalarm – hatte ein offener Lastwagen sie mitgenommen ins Wochenendhaus der Schwiegereltern. Auf der ungeschützten Ladefläche hatten sie gesessen und sich gegenseitig warm gehalten. Friedrich gefunden zu haben, war eine Gnade, das hat sie damals schon empfunden und das empfindet sie immer noch so. Ihre Liebe war erfüllender gewesen als alles, was sie sich als junges Mädchen hatte erträumen können. Und sie hielt über den Tod hinaus an.

Es war dumm gewesen, sich aus der Hand lesen zu lassen, damals, als ihr Friedrich wieder an der Front war. Aber sie hatte es nicht ausgehalten, beim Lesen seiner langen, wunderbaren Briefe nicht zu wissen, ob er noch lebte. Zwei ihrer Freundinnen verloren damals ihre Verlobten. „Er kommt aus dem Krieg zu Ihnen zurück“, hatte der Chiromant, den ihr eine Arbeitskollegin empfohlen hatte, gesagt. „Aber er wird zu früh sterben.“

Mit Friedrich hatte sie nie darüber gesprochen, war so froh gewesen, als er aus der Kriegsgefangenschaft heimkehrte, als sie schwanger wurde, als sie ihm Kinder schenken konnte. Sie lächelt. Ja, so sagte man damals. Und so fühlte sie es auch. Die Kinder waren für sie beide ein Geschenk. Doch bei jedem Tatütata eines Krankenwagens war sie zusammengezuckt, hatte an den Handleser denken müssen. Friedrich war dann tatsächlich nach langer Krankheit zu früh gestorben. Aber erst nach der Silbernen Hochzeit. So viele glückliche Jahre …

Sie erwacht aus ihren Gedanken, als eine ältere Dame sie fragt: „Darf ich mich zu Ihnen setzen?“ „Ja natürlich, gern“, antwortet sie, schaut die Dame kurz an und blickt dann aus dem Fenster. Ah, sie sind schon am Hauptbahnhof.

Ihr und offensichtlich auch der Zugestiegenen fällt es leicht, mit anderen ins Gespräch zu kommen. So wissen sie bald, dass sie ein gemeinsames Ziel verbindet. Das freut beide, denn ihnen hatte das Suchen nach der Haltestelle für den Anschlussbus im Stillen schon Sorge bereitet. „Vier Augen sehen mehr als zwei“, da sind sie sich einig, auch darin, dass die vielen Veränderungen es alten Menschen schwer machen, sich zurechtzufinden.

„Zum Glück gibt es junge Leute, die gern helfen“, sagt Bernadette. „Sie tun es einfach so. Aber manchmal denke ich dann, sie haben vielleicht Urgroßeltern, denen sie auch solche Hilfe wünschen.“

Längst haben sie sich gegenseitig ihre Namen genannt, sie darf Gudrun zu ihrer neuen Bekannten sagen, von der sie auf der langen Fahrt erfährt, warum auch sie die Einladung beinahe nicht angenommen hätte. Nach Knieoperationen vor Jahren war sie vor nicht allzu langer Zeit an einer ihrer Hüften operiert worden. „Eigentlich fällt mir das Gehen und auch das Sitzen wieder leicht“, erklärt Gudrun. „Aber vor öffentlichen Verkehrsmitteln fürchte ich mich noch. Ich darf doch nicht fallen." Ihren Rollator habe sie zum ersten Mal zu Hause gelassen.

Es ist sogar noch Zeit, über die Geschenke zu sprechen, die sie trotz des ausdrücklichen Wunsches des Geburtstagskindes, darauf zu verzichten, hübsch verpackt bei sich tragen. „Ich lebe im Seniorenheim und habe alles, was ich brauche", hatte sinngemäß in der Einladung gestanden. „Schenkt mir euer Dabeisein!"

„Ich habe früher seidene Schals und Tücher gebatikt", verrät Gudrun. „Davon habe ich noch einige zum Verschenken. So ein Tüchlein passt in den vollsten Kleiderschrank – und sonst kann Inge es weiterverschenken."

„Sie wird sich gewiss darüber freuen", sagt Bernadette und erzählt, dass ihre Gabe ein zart duftendes, handgeschöpftes Stück Seife ist. „Meine Urenkelin stellt sie in ihrer Freizeit nach alten und neuen Rezepten her", berichtet sie. „Rebecca beliefert die ganze Familie damit." Und als ihre Nachbarin schweigt, fährt sie fort: „Das ist ihr Beitrag zur Vermeidung von Plastikmüll. Aufgewachsen mit Plastikseifenspendern, ist sie fasziniert von der Idee, dass Seife mit der Benutzung einfach restlos verschwindet. Seit ihr das klar ist, experimentiert sie mit solchen Eigenherstellungen."

Zu zweit gelingt das Umsteigen in den Bus mühelos. Und im Foyer des Restaurants werden sie mit Sekt und Orangensaft begrüßt. Das strahlende Lächeln des Geburtstagskindes lässt beide froh sein, die Mühen des Weges auf sich genommen zu haben.

„Ein Sitzempfang", sagt Inge vergnügt und bittet alle, Platz zu nehmen. Längere Zeit zu stehen würde auch vielen ihrer Gäste schwerfallen. Selbst die Damen und Herren des Kirchenchors, in dem Inge bis vor Kurzem gesungen hat, singen das mehrstimmige Geburtstagslied sitzend.

Bernadette nimmt ihre neue Bekannte mit an den Familientisch, nachdem Gudrun ihr anvertraut hat, sich auf dem 80. Geburtstag von Inge einsam gefühlt zu haben, weil sie niemanden kannte. Obwohl Gäste aus allen Lebensbereichen von Inge angereist sind, Familienmitglieder zum Teil von weit her, gibt es auch an diesem Tisch leere Stühle.

Nach Reden, die das Leben der Jubilarin würdigen, wird das warme und kalte Büfett eröffnet. Bernadette und Gudrun haben es nicht eilig. Vom Tisch aus beobachten sie die Schlange, die sich langsam vorarbeitet. „Zu Inges 90. Geburtstag komme ich mit meinem Rollator“, kündigt Gudrun amüsiert an. Bernadette lacht mit ihr. Es scheint wirklich praktisch zu sein, den Teller darauf abstellen zu können, dann passt gleich noch ein Schüsselchen Mousse au Chocolat dazu.

Auf dem – bis zum Bahnhof – gemeinsamen Heimweg fühlen sich die beiden aufgekratzt wie Schulmädchen und sind sich einig: Es tut gut, mit anderen fröhlich zu sein, ein Gläschen Sekt zu trinken, zu spüren, dass man zur Menschenfamilie dazugehört.

Geburtstagsgefühl

„Und wie wirst du deinen 75. Geburtstag begehen?“ Karins Frage, in einer ihrer seltenen E-Mails, löst bei Susanne zunächst nur Erstaunen, fast Abwehr, aus. Karin und sie sind im selben Jahr geboren und stehen, seit sie sich zufällig wiederbegegnet sind, in losem Kontakt miteinander. Vor gut fünfundfünfzig Jahren hatten sie sich während der Ausbildung kennengelernt und danach für lange Zeit aus den Augen verloren.

Der Geburtstag ist doch erst in ein paar Monaten, denkt Susanne und verspürt wenig Lust, darüber nachzudenken. Allerdings ertappt sie sich seither immer wieder dabei, dass ihre Gedanken das Thema umkreisen.

Beim Einschlafen erinnert sie sich an Geburtstagsfeiern, die ihr besonders gefallen haben. Zum Beispiel an die von Georg. Vor Jahren hatte er ein richtig großes Fest gegeben, wahrscheinlich war es sein fünfundsechzigster Geburtstag gewesen. Alle

Menschen, die in seinem Leben wichtig für ihn waren oder es gewesen waren, hatte er in einen alten Gasthof im Wald eingeladen, dessen Saal Platz für so viele Menschen bot. Vielleicht waren es achtzig gewesen, vielleicht hundert. Es wurde gefeiert, gelacht, gegessen und getrunken, vielleicht sogar getanzt, das weiß sie nicht mehr.

Georg hatte es sich nicht nehmen lassen, viele seiner Gäste vorzustellen und kurz den Lebensabschnitt zu schildern, den sie mit ihm geteilt hatten, oder auch, wie sie in sein Leben getreten waren. Neben Familienangehörigen, seiner Frau, den Töchtern und Schwiegersöhnen, waren das Freunde aus der Kindheit, Mitschüler und Mitschülerinnen mit ihren Partnern gewesen, Kommilitonen, Menschen, mit denen ihn sein Beruf, der Sport, sein Hobby oder seine ehrenamtlichen, kulturellen und politischen Aktivitäten zusammengeführt hatten. Erstaunlicherweise war es nicht langweilig, sondern äußerst spannend gewesen, ein Leben in Begegnungen an sich vorüberziehen zu lassen. Ihr war dabei bewusst geworden, an wie vielen Orten und in wie vielen unterschiedlichen Milieus auch sie sich bewegt hat.

Ein Mensch lebt im Mittelpunkt all seiner jemals eingegangenen Beziehungen, denkt sie. Vom ersten bis zum letzten Atemzug gehört er in ein Beziehungsgeflecht, wenn es gut geht. Es trägt ihn, selbst wenn entfernte Verwandte, Freunde und Bekannte, Gemeinde- und Vereinsmitglieder dazugehören, von denen wir nur die Namen wissen oder das Gesicht kennen, ohne die Beziehung aktiv zu leben.

Erst jetzt kommt ihr der Gedanke, dass sich Georg dessen dankbar vergewissern wollte. Denn mit jedem Lebensjahr kann dieses Geflecht, durch Alter und Krankheit, durch das Sterben vertrauter Menschen, brüchiger werden, wenn ein Mensch nicht immer wieder neue Beziehungen eingeht und die älteren pflegt.

Im Kopf hat sie manchmal ein solches Fest für sich veranstaltet, all die Lebensstationen mit den Menschen, die ihr zu dieser Zeit nahegestanden hatten, Revue passieren lassen, die Idee aber dann – aus einem gewissen Egoismus – nicht in die Tat umgesetzt. Von einer kurdischen Familie in der Nachbarschaft weiß sie, dass zur Finanzierung eines solch großen Festes die Gäste freigebig beitragen können. Doch es sind nicht in erster Linie die Kosten, die sie scheut, es ist etwas anderes. Sie trifft ihre Mitschülerinnen und Mitschüler am liebsten bei Klassentreffen, solange es noch Idealisten gibt, die alle paar Jahre dazu einladen. Und ihre auswärtigen Familienmitglieder möchte sie ebenso wie ihre Freundinnen und Freunde bei den seltenen Begegnungen ganz für sich haben und mit niemandem teilen. Ob andere Menschen intensive Gespräche zu fünft oder zu sechst führen können? Sie kann es nicht, mag keinen Smalltalk.

Mathias und Ursula tauchen vor ihrem inneren Auge auf. Die beiden feiern ihre Geburtstage in jedem Jahr recht groß. Wenn sie es richtig versteht, tun auch sie es vor allem aus Dankbarkeit dafür, dass sie leben, dass sie Jahr um Jahr gemeinsam älter werden dürfen. Ihr fällt Mathias' Rede ein, die er anlässlich eines Geburtstages hielt, nachdem er vor allem durch großes Glück und ärztliche Kunst einen Herzinfarkt heil überstanden hatte. „Redet über eure Krankheiten!“, hatte er die Gäste – alle außer seinen Kindern waren wohl älter als siebzig Jahre – aufgefordert. „Ich weiß“, hatte er gesagt, „das gilt als unfein, das tut man eigentlich nicht. Aber heute Abend habt ihr die Chance, Tipps zu bekommen, Arztadressen auszutauschen, zu erfahren, wer wo was hat operieren oder kurieren lassen, wie zufrieden er damit ist, und überhaupt, wie es um die Qualität der Ärzte und Krankenhäuser in unserer Stadt bestellt ist.“ Natürlich hatte er das humorvoller formuliert und sie weiß nicht, ob es Gäste gab, die der Aufforderung gefolgt sind. Originell und lebensnah war es allemal gewesen.

In dieser Nacht träumt sie von Elena. Und beim Aufwachen merkt sie, wie gut die Freundin in ihr Gedankenkarussell passt. In ihrer Geburtstagsrede hatte sie einmal lachend davon erzählt, dass ihr ein Arzt vor zig Jahren prophezeit hatte, mit ihrem Übergewicht werde sie kaum den

60. Geburtstag erreichen. Er hatte sie auf diese drastische Art wohl anspornen wollen, abzunehmen. Doch Elena hat mit dem Gewicht, das zu ihr passt, inzwischen fast das 80. Lebensjahr erreicht – und feiert diesen Triumph in jedem Jahr mit guten Freunden und gutem Essen.

So viele Menschen, so viele Möglichkeiten, den Ehrentag zu begehen, denkt sie beim Frühstück. Ein Geburtstag mit Gospelmusik in einer Dorfkirche fällt ihr ein und die Freundin, die jeweils am Sonntag nach ihrem Ehrentag einen Frühstücksmorgen in der Wohnung veranstaltete. An einer langen Tafel mit warmem Brot, selbst gemachter Marmelade, Wurst und Käse, führten die Gäste bis in den Nachmittag hinein anregende Gespräche.

Ein anderes Geburtstagskind hatte Freundinnen gebeten, als Geschenk ein Festmahl für alle zu kochen. Es war ein langer italienischer Abend geworden, mit leckeren Antipasti, mit Pizza, Pasta, Fisch, Tiramisu und viel Rotwein.

An diese Freundin denkt sie, sooft sie mit dem Älterwerden hadert. Denn sie ist nur vierundfünfzig Jahre alt geworden. Auch an all die anderen, die gern älter geworden wären, denkt sie. An eine Schulfreundin, die mit neunzehn Jahren einen tödlichen Unfall hatte, eine andere beging Suizid aus Liebeskummer und der Angst, im Studium zu versagen. Auch ihre Schwester und der Vater waren zu früh gestorben. Sie alle mahnen, dankbar für geschenkte Jahre zu sein.

Ja, sie ist dankbar dafür. Ist es seltsam, dass sie ihren Geburtstag trotzdem am liebsten nur alle paar Jahre und dann im engsten Kreis feiert? Eine alte Freundin, eine freundliche Nachbarin und dazu ein Überraschungsgast. Einmal ist sie, wie an jedem Dienstag, zu ihrem Tanzkreis im Gemeindehaus gegangen, fand es wunderbar, dass nur sie und niemand sonst von ihrem Geburtstag wusste.

Am liebsten geht sie mit dem ganz besonderen Geburtstagsgefühl zum Fluss, um dem Wasser beim Fließen zuzusehen, das Vergehen im Vorüberfließen anzunehmen, in die ziehenden Wolken zu schauen, die langsam ihre Form ändern, zu spüren, wie alles vergeht, wie der Nachmittag in den Abend gleitet. Manchmal hat sie ein Stöckchen ins Wasser geworfen, beobachtet, wie rasch es mit der Strömung in Richtung Flussmündung, in Richtung Meer davontreibt.

Oder sie hat dort am Fluss ein Geburtstagsfeuer angezündet und symbolisch die Überreste des vergangenen Jahres hineingeworfen, versucht, Vergangenes hinter sich zu lassen, und Wünsche für das neue Lebensjahr formuliert.

Es gibt Menschen, die den Geburtstag nicht wichtig finden, ihn als vernachlässigungswertes Datum abtun. Zu denen gehört sie nicht. Bei ihr ist das anders. Sie weiß, dass der Geburtstag der Tag ist, an dem die Sonne wieder so steht wie am Tag der Geburt. Die Planeten sind weitergelaufen, die Sternbilder ein klein wenig weitergezogen.

Als Teilchen im Kosmos, das „Ich" zu sich sagen kann, will sie auch diesmal feiern. Wie das aussehen wird, weiß sie noch nicht. Am besten, sie fragt Karin in der nächsten E-Mail, wie denn sie ihren Geburtstag zu gestalten gedenkt. Auf Karins Frage zu antworten, ist ihr einfach zu kompliziert.

Vertrauensbeweise

Sie hätte nicht gedacht, wie viel Freude ihr die Besuche im Alten- und Pflegeheim machen würden. Als sie nach dem Tod ihres Mannes allmählich wieder zum Leben zurückfand, hatte sie nach einer Aufgabe gesucht. Es galt, die langen Stunden des Tages sinnvoll zu füllen. Und nun tragen die Begegnungen mit den alten Menschen dazu bei, dass sie wieder Glück empfinden kann.

Zu einigen Bewohnerinnen und Bewohnern gibt es mittlerweile herzliche Kontakte. Manche begleitet sie auf kleinen Spaziergängen, anderen liest sie vor. Am liebsten aber hört sie zu, wenn ihr jemand etwas erzählen möchte. So wird sie Zeugin der Angst in Bombennächten, erlebt Flucht und Vertreibung hautnah mit, das Hungern und Frieren, das Gefühl von Heimatlosigkeit und Schuld den Verwandten gegenüber, die das alles nicht überlebt haben. Erschütternde Lebensgeschichten werden ihr anvertraut, und vorsichtig versucht sie zu trösten.

Es gibt auch heitere Erinnerungen an kleine Alltagsbegebenheiten. Oft spielten die Geschichten in der Kindheit der Erzählenden, als es noch selbstverständlich war, Hühner und Kaninchen zu halten und einen Ofen mit Holz und Kohlen zu heizen; Kinder packten in der häuslichen Landwirtschaft mit an, eine Frau berichtet stolz, schon als Zwölfjährige einen großen Erntewagen durch ein enges Tor gesteuert zu haben.

Seit einigen Tagen betreut sie ausschließlich Herrn Peters. Seine Frau hat sie gebeten, für ein paar Wochen nach ihrem Mann zu schauen. Sie besuche ihn normalerweise täglich, sagte sie. Doch nun reise sie in die USA, um ihrer Tochter beizustehen, die in San Francisco verheiratet ist. Die Geburt des dritten Kindes stehe kurz bevor. Da wolle sie die kleine Familie unterstützen.

Ohne lange zu überlegen, hat sie versprochen, sich in dieser Zeit um den verwaisten Ehemann zu kümmern. Seither verbringt sie viele Stunden im Seniorenheim, denn mit Herrn Peters verbindet sie schon fast so etwas wie Freundschaft. Sie haben sich auf den ersten Blick verstanden; und die Verständigung durch Blicke ist das Beglückendste geblieben.

Nach mehreren Schlaganfällen ist das Sprachzentrum des Siebzigjährigen geschädigt. Trotz seiner regelmäßigen Arbeit mit der Sprachtherapeutin, ist, was er sagt, nur mit Mühe zu verstehen. Am schwersten erträglich scheint für ihn allerdings seine Wortfindungsstörung zu sein. Frau Peters hat sie auf diese besondere Herausforderung vorbereitet. Ihr Mann verlange ständig von ihr, zu raten, was er sagen möchte. Möglicherweise sei es für die Art der Behinderung typisch, dass er unduldsam reagiere, wenn er sich nicht verständlich machen kann.

Das sei anstrengend, erklärte Frau Peters, weil ihr Mann sich dann geradezu verbissen in etwas hineinsteigere, was sich nach Auflösung des Rätsels oft als nebensächlich erweise. Lieber würde sie still bei ihm sitzen, sich einfach der gemeinsamen Nähe erfreuen. „Ein besonderer Vertrauensbeweis ist es übrigens, wenn er mit Ihnen schimpft, weil Sie ihn nicht verstehen", fügte sie beinahe fröhlich hinzu. „Nehmen Sie das bloß nicht persönlich. Er ist ein durch und durch lieber Mensch."

Wie zum Beweis holte sie einige Fotos hervor. Darauf war ein großer, auf sympathische Art gut aussehender Mann zu sehen, im Kreise seiner Familie, auf einer Bühne, beim Überreichen von Urkunden an Schülerinnen und Schüler und im Urlaub, lachend aus dem Meer auftauchend. Ein liebenswerter Kämpfertyp. Selbst auf dem Bild, das ihn im Rollstuhl sitzend zeigt, schaut er den Betrachter selbstbewusst und freundlich an.

Als Schulleiter einer Gesamtschule sei er bei den Jugendlichen beliebt gewesen, berichtete Frau Peters. Auch deren Eltern und seine Kollegen hätten seine Ansichten und seine Tatkraft geschätzt. Er habe sich mit ihnen auch gewerkschaftlich engagiert. Sogar für den Einsatz in der Kirchengemeinde habe er Zeit gefunden. Überall sei er für Gerechtigkeit eingetreten und habe geholfen, wo er konnte. – Bis er dann, kaum drei Jahre nach der Pensionierung, durch die Schlaganfälle selber Hilfe brauchte.

Mit diesem Wissen ausgerüstet, beginnt sie die Betreuung mit gemischten Gefühlen. Sie versucht, Verständigungsprobleme kleinzuhalten, beginnt die morgendliche Kommunikation, nach der Begrüßung, meist mit einer Frage, die Herr Peters mit Ja oder Nein beantworten kann.

So fragt sie ihn etwa, ob sie etwas vorlesen soll, und legt die Buchauswahl vom Nachtschränkchen vor ihn hin. Er tippt dann auf das Gewünschte. Oder sie erkundigt sich, ob er die Nachrichten in seinem kleinen Radio hören möchte. Oder ob sie ihn in seinem Rollstuhl ins Café schieben soll.

Es gefällt ihnen beiden, miteinander im Café zu sitzen. Und weil die Feinmotorik seiner Hände gestört ist, schüttet sie seinen Tee in eine Schnabeltasse und hilft ihm beim Trinken. Das ist weder ihr noch ihm peinlich. Während der Zeit seiner Behinderung hat er sich offensichtlich daran gewöhnt, Hilfe anzunehmen. Dafür ist sie dankbar.

Als sie an einem strahlend schönen Sommertag sein Zimmer betritt, nennt er sie „Schmetterling“. Seine Augen blitzen und sie lachen zusammen. Die weiten kurzen Ärmel ihres hellen Sommerkleides haben seiner Sprachfindung Flügel verliehen.

„Hitzefreiwetter“, sagt sie übermütig. „Ich glaube, wir sollten zum Schwimmen an den See fahren.“ Er nickt und in seinem Gesicht spiegelt sich Einverständnis mit ihrem Spiel. Nun sind sie Kinder, die unter einem wolkenlosen Himmel zum Baden fahren werden, weil Sommer ist und weil sie ihre Freiheit genießen.

„Möchten Sie, dass ich Sie nach draußen unter Ihre Rotbuche bringe?“, begrenzt sie die gefühlte Freiheit auf das Mögliche. Von seiner Frau weiß sie, wie gern er bei gutem Wetter unter dem Baum sitzt.

Mit seinem ganz eigenen Lächeln stimmt der immer noch charismatische Mann zu. Das Lächeln vereint Dankbarkeit mit einer gewissen Ironie sich selbst und dem Schicksal gegenüber, das ihn nicht nur zwingt, untätig zu sein, sondern angewiesen auf das Wohlwollen anderer, um an einem sonnigen Tag sein Zimmer verlassen zu können.

Draußen ist es heiß. Im Schatten des ausladenden alten Baumes lässt es sich aushalten. Sie schiebt den Rollstuhl neben die Bank, auf die sie sich setzt. Er möchte etwas sagen. Sie bietet ihm zu trinken und zu essen an. Er schüttelt unwillig den Kopf, möchte offenbar etwas anderes.

Zum ersten Mal erlebt sie nun das Drama, von dem seine Frau gesprochen hat. Inzwischen scheint sein Vertrauen in sie groß genug zu sein. Darum traut er sich, einen ganz eigenen Wunsch einzubringen – und sie versteht ihn nicht. Er kämpft mit der Umsetzung dessen, was er denkt, was er so gerne sagen möchte, mit seinem Unvermögen, es zu übermitteln, und mit ihrem Unvermögen, es zu verstehen. Wie gern würde sie ihm den Wunsch von den Augen ablesen, denn je mehr er sich bemüht, desto rätselhafter wird für sie, was er tun oder haben will.

Schon recht verzweifelt fragt sie, ob sie ihn zurück ins Haus bringen soll. Nachdrücklich schüttelt er den Kopf. Er zeigt mit der linken Hand in eine undefinierbare Ferne, gestikuliert und stößt schwer verständliche Wortteile aus. Dabei zeigt er immer wieder auf sie.

Schließlich bittet sie ihn zu schweigen, nimmt ohne Scheu seine Hand und spürt, wie schwer es ihm fällt, der Unruhe Herr zu werden. Zunächst schweigt er eher widerwillig. Doch endlich beruhigt er sich. Sie schließt die Augen und versteht, mit welcher Gewalt seine Seele und sein Geist gegen das Unvermögen des Körpers kämpfen. Nach einer Weile fällt ihr ein, wie sein Gesicht geleuchtet hat, als sie vorschlug, zum Schwimmen an den See zu fahren. Sie öffnet die Augen wieder und fragt: „Möchten Sie vielleicht tatsächlich an den See?"

Geradezu erlöst nickt er. Er wirkt erschöpft, aber auch abenteuerlustig. „Es ist recht weit", sagt sie und fragt: „Soll ich Sie vom Mittagessen abmelden?" Er zuckt die Schultern, wie ein Kind, das einen Streich plant und dem Konventionen höchst gleichgültig sind.

Auf ihrem Handy ist die Telefonnummer der Station gespeichert. Sie ist froh, auf die Mailbox sprechen zu können und nicht erklären zu müssen, warum der Patient kein Mittagessen möchte.

Kaum haben sie den Umraum des Heims verlassen, spürt sie, wie sehr Herr Peters es genießt, unterwegs zu sein, wie er alle Eindrücke begierig aufnimmt. Und ihr wird klar, wie langweilig es ihm im Gefängnis seiner Bewegungs- und Sprachbehinderung sein muss. Von seiner Frau weiß sie, dass er ein gläubiger Christ ist. Doch gläubige Christen sind keine Heiligen, denkt sie, sondern Menschen mit Bedürfnissen.

Auch sie hat Spaß an dem Ausflug unter einem wolkenlos blauen Himmel, der Urlaubsstimmung erzeugt. Längst hat sie Herrn Peters von seiner Jacke und der für das Wetter zu warmen Decke befreit. Zu ihrer beider Vergnügen wandert sie mit ihm nicht nur zum See, sondern auf dem Wanderweg darum herum. In einem Restaurant trinken sie Eiskaffee und bestellen extra große Eisbecher.

Erst gegen Abend kehren sie ins Heim zurück, beide mit einem kleinen Sonnenbrand auf der Nase. „Nächstes Mal cremen wir uns ein", sagt sie und zeigt ihm sein Gesicht in einem Handspiegel. Er fasst sich auf den Kopf und bittet sie dann mit Zeichensprache, in den Schrank zu schauen. Dort findet sie einen Strohhut. Sie lachen wie Verschwörer. Niemand scheint sie vermisst zu haben.

Eine wunderbare Augustwoche vergeht mit Ausflügen. Es gelingt ihm, ihr mitzuteilen, dass er ihr die Schule zeigen möchte, an der er Schulleiter war, und andere Orte seines Lebens; auch das Haus, in dem er mit seiner Frau gewohnt hat, oder die Kirche der Gemeinde. Sie verstehen sich immer müheloser, fühlen sich einander nah und vertraut.

Als sie an einem Regentag, kurz vor der Rückkehr seiner Frau, in seinem Zimmer bleiben, kommt es noch einmal zu einem Verständigungsproblem. Es dauert lange, bis sie begreift, dass sie ihm einen verschlossenen Karton aus dem Schrank geben soll.

Mit großer Anstrengung nimmt er eine Figur aus Ton heraus. Ein sitzendes Kind, das seine beiden Hände vorstreckt. Das schlichte Kunstwerk passt gut in seine Hand. Auf seinen Wunsch hin stellt sie es auf das Nachtschränkchen und kippt, so wie er es mit einer Geste anregt, den kleinen Körper nach vorn. Die Hände des Kindes stützen sich nun auf der Unterlage ab; es sieht so aus, als sei der kleine Mensch im Begriff aufzustehen. Der winzige Moment des Aufstehens, festgehalten in gebranntem Ton.

Das entspannte Lächeln von Herrn Peters ist für sie der größte Lohn nach der Anstrengung, ihn zu verstehen. Doch schon plant er etwas Neues. Sie soll ihm die Figur wieder in die Hand geben. Doch nur, damit er die kunstvoll geformte kleine Skulptur in ihre Hand gleiten lassen kann. Er schenkt sie ihr, zum Dank für die gemeinsamen Wochen. Vorsichtig, wie einen verletzten Vogel, hält sie das Geschenk. Das Kind scheint sie mit seinen nur angedeuteten Augen anzuschauen. Wer immer es geformt hat, er hat ihm etwas Unsagbares mit auf den Weg gegeben.

Erntedank

An diesem Vormittag kommt der freundliche Paketbote zu ihr. Er möchte nicht, wie sonst, nur Sendungen für Nachbarn abgeben. Allerdings sagt er, am Fuß der Treppe stehend, dass er „den Brocken“ unmöglich zu ihr herauftragen kann. Ungläubig schaut sie von ihrem Treppenabsatz auf das Paket neben der Haustür. Es ist sehr hoch, sehr breit und offenbar schwer.

Der junge Mann kennt sie, weil sie oft etwas für andere im Haus annimmt. Nun kommt er herauf und gibt ihr den Stift, mit dem sie auf einem Gerät den Erhalt bestätigen soll. „Aber ich habe gar nichts bestellt“, wehrt sie ab.

„Eine Geschenksendung“, erklärt er. „Vielleicht eine Überraschung.“

„Hoffentlich nichts Gefährliches“, murmelt sie und versucht, ihren Namen leserlich auf das kleine Display zu schreiben.

„Dann wäre es schon auf dem Weg hierher explodiert“, antwortet der Mann übermütig, während er schon wieder auf dem

Weg nach unten ist. Er hat es wie immer eilig. Das versteht sie, ahnt, was er für einen Hungerlohn leisten muss. Darüber hat sie eine Sendung im Fernsehen gesehen. Ich hätte ihm ein Trinkgeld geben sollen, denkt sie. Aber die Tür ist schon hinter ihm ins Schloss gefallen. Sie ist allein mit dem ominösen Monstrum.

Bewaffnet mit einer Schere und verschiedenen Küchenmessern, rückt sie dem Objekt zu Leibe. Nach fast einer Stunde harter Arbeit sitzt sie erschöpft auf einer Treppenstufe. Um sie herum steht alles, was sie aus diversen transportsicheren Verpackungen herausgeschält hat: ein Karton mit zwölf Mal einem Liter H-Milch, sechs Flaschen Rotwein, ein in Folie verschweißter Schinken, ein dicker Käse, viele Dosen, Döschen und Schachteln, darin Dauerwurst und Delikatesssuppen, Kaffee, Tee, Kuchen, abgepackte Brötchen zum Aufbacken, Pralinen – alles monatelang, wenn nicht jahrelang, haltbar, so die aufgedruckten Versprechen.

Aus dem Riesenkarton ließe sich ein stabiles Kinderhaus bauen, denkt sie. Man müsste mit einem scharfen Messer eine Tür und Fenster hineinschneiden. Jetzt wohnen darin allerdings Styropor-Behältnisse, in denen der Wein und empfindliche Lebensmittel geschützt gewesen waren; außerdem eine unvorstellbare Menge von Verpackungsmüll. Wenn ich einen Ofen hätte, überlegt sie, könnte ich die Pappe zum Heizen benutzen. Nun muss sie die großen Stücke für die Papiertonne zerkleinern.

Seltsam müde, weiß sie nicht, warum sie sich nicht freuen kann, wie es angemessen wäre angesichts einer solchen Fülle, eines solchen Geschenks. Die verderblichen Lebensmittel müssen in den Kühlschrank, sagt sie sich, bleibt aber wie betäubt sitzen.

Unerwartet öffnet sich die Haustür. Die junge Frau, die mit ihrem Mann und zwei kleinen Kindern unten wohnt, kommt herein. „Das ist ja wie Weihnachten!“, ruft sie fröhlich und stellt ihre Fahrradtaschen ab. „So viele gute Sachen! Soll ich Ihnen helfen, den Segen in den Keller zu bringen?“

Erleichtert stimmt sie zu. Und die patente junge Frau packt Dosen und Döschen auf ein Tablett, das sie rasch aus der Wohnung geholt hat. „Sie müssen mir nur zeigen, wo ich es hinstellen soll“, sagt sie.

In ihrem Kellerraum findet sich neben leeren Einmachgläsern ausreichend Platz für die Dinge, die nicht in den Kühlschrank gehören. Eine Dose mit Rindsrouladen in die Hand nehmend, schlägt die Nachbarin vor: „Die sollten Sie sich heute zum Mittagessen gönnen!“ Dann nimmt sie die alte Frau in den Arm, als wolle sie sie mit ihrer guten Stimmung anstecken.

Gemeinsam tragen sie die verderblichen Lebensmittel in die Wohnung, stellen sie auf den Küchentisch. Mit den Worten „Frisch vom Markt“, legt die junge Frau ein paar Kartoffeln aus ihrer Fahrradtasche dazu, meint: „Auf den Schreck hin müssen Sie sich ordentlich stärken.“ Und obwohl sie Mittagessen machen müsste, weil ihr Mann gleich mit ihren Kindern Merle und Robin aus dem Kindergarten heimkommen wird, setzt sie sich für einen Moment mit an den Tisch.

„Hat das Wegräumen des Verpackungsmülls Zeit bis nach dem Mittagsschlaf?“, fragt die alte Dame erschöpft.

„Wenn Sie uns alles schenken, werden die Kinder begeistert sein“, vermutet die junge Frau. „Wir bauen ein Häuschen daraus. Sicher eignet sich eine der Styroporkisten sogar für einen Sitzplatz darin. Machen Sie sich keine Sorgen.“ Ihre Stimme klingt beruhigend. „Das übernehmen wir.“

Wieder allein. Sie schält bedächtig die geschenkten Kartoffeln. Kartoffeln vom Markt sind schon etwas Besonderes. Als Kind hat sie den Großeltern bei der Kartoffelernte geholfen, spürt noch die warme Erde unter den bloßen Füßen. Zum Mittagessen gab es die kleinsten in der Pfanne mit Butter geröstet. Ein Fest! Und zum Erntedankgottesdienst durfte sie ein Körbchen mit Kartoffeln an den Altar der Dorfkirche stellen.

Vor dem Mittagsschlaf träumt sie sich oft in die Vergangenheit, in die Zeit, als ihr Mann noch lebte, in die Zeit, als Tochter und Sohn noch so klein waren wie Merle und Robin. An diesem Tag gehen ihre Gedanken nur ein paar Tage zurück. Oder ist es schon eine Woche her, dass ihr Enkel Leon bei ihr übernachtet hat? Auf Geschäftsreisen quer durchs Land kommt er hin und wieder bei ihr vorbei. Es fällt ihr nicht schwer, die gemeinsamen Stunden wieder ins Gedächtnis zurückzurufen.

„Früher hast du für mich gezaubert, Oma, nun zaubere ich für dich!“, hatte er nach dem Frühstück gesagt und seinen Laptop auf den Tisch gestellt. Ihm war anzumerken gewesen, wie sehr er sich auf den Moment gefreut hat.

Am Abend zuvor hatten sie noch lange bei einem Glas Wein zusammengesessen und sich an die Zeit erinnert, als er in den Schulferien zu ihr gekommen war. Von gemeinsamen Ausflügen ins Waldschwimmbad hatten sie gesprochen. Dort lernte er, vom Dreimeterbrett zu springen, dort hatte er seinen Freischwimmer gemacht – als das Leben noch ganz unbeschwert vor ihnen beiden lag.

Auch von seiner Tochter, ihrer ältesten Urenkelin, die im nächsten Jahr Abitur machen wird, hatte er berichtet. Gesprächsthemen gingen ihnen nie aus, so vertraut waren sie miteinander, obwohl sie sich selten sahen, weil Hunderte Kilometer sie trennten.

Beim Gute-Nacht-Sagen hatte er ihr eine Überraschung angekündigt. Am Morgen rückte er damit heraus. Ihm sei die Idee gekommen, ihr ein herbstliches Vorweihnachtsgeschenk zu machen. Sie solle ihm einen Einkaufszettel diktieren mit den Vorräten, die sie gern im Haus hätte, falls es mal Glatteis gebe. Das wolle er in seinen Laptop tippen und – Hokuspokus – aus Worten würde Realität.

Zögerlich hatte sie gesagt, H-Milch im Haus zu haben, sei in solchen Fällen gut, weil sie sich damit Milchreis oder Grießbrei kochen könne. Auch eine Dose Cornedbeef im Keller zu haben, sei nie verkehrt.

„Oma, sei nicht so bescheiden!“, hatte er verlangt und das Erstellen der Liste selbst in die Hand genommen. „Du trinkst doch mit deinen Freundinnen gern mal ein Glas Rotwein. Und du isst sonntags zum Frühstück Schinken auf Brötchen.“ Und so weiter. Beim Zuklappen des Laptops hatte er wie als Kind gestrahlt und leise gesagt: „Du weißt, dass ich gut verdiene und es mir Freude macht, dir Freude zu machen!“ Sie hört geradezu seine Stimme, weiß, dass er sie liebt, es gut mit ihr meint.

Nun endlich wird ihr warm, kommt das Geschenk bei ihr an und sie beginnt, sich zu freuen, richtig zu freuen. Nachher wird sie Leon anrufen, sich herzlich bedanken – und fragen, ob sie seine Tochter Hannah sprechen kann, die jeden Freitag mit Mitschülern für eine bessere Zukunft auf die Straße geht. Vorsichtig wird sie versuchen, herauszubekommen, was das Mädchen vom Internethandel und dem dazugehörigen Verpackungswahnsinn hält. Ob das nicht auch ein Thema für die Rettung der Zukunft sei?

Und wenn Leon wieder einmal vorbeikommt, wird sie ihn bitten, mit ihr zum Einkaufen zu fahren. Sie wird mit ihm einen Einkaufswagen beladen und alles in seinem Auto zu ihrer Wohnung transportieren. Sie lacht leise: Ein Spielhäuschen für Merle und Robin ist schließlich genug.

Dankbar denkt sie an die Nachbarfamilie. Sie hat Glück mit ihr – und mit ihren Kindern, mit den Enkeln und Urenkeln auch.

Diamantene Hochzeit

„‚Jung gefreit, nie gereut‘ wäre eine gute Überschrift für so einen Artikel“, meint Harry. Mit seiner Frau Corinna sitzt er an einem warmen Frühlingsnachmittag auf der Terrasse des kleinen Reihenhauses. Vor den beiden liegt zwischen den Kaffeebechern ein altes Fotoalbum auf dem Tisch.

Nachdenklich betrachten sie ein Hochzeitsbild, das sie an einem sonnigen Tag im Mai vor fast sechzig Jahren auf den Stufen zur altehrwürdigen Stadtkirche zeigt. Glücklich sehen sie aus, jung und verliebt, ein wenig befangen, so im Mittelpunkt der vielen Gäste, die gekommen waren, um mit ihnen zu feiern.

Corinna erinnert sich genau an das Herzklopfen beim „Ja-Sagen“ zu einem Leben mit diesem Mann, der ihr damals gleichzeitig seltsam fremd und doch unglaublich vertraut war. Als das Foto entstand, hatte sie das Gefühl gehabt, zu träumen.

Seifenblasen schweben durch das Bild. In die Luft gezaubert von ihren Kindergartenkindern, die, begleitet von Kolleginnen und einigen Müttern, zur Kirche gekommen waren und nun ihre „Tante Corinna“ im weißen Brautkleid mit einem langen Schleier bestaunten. Kaum hörbar hatte Harry ihr damals zugeflüstert: „Ich freue mich schon auf unsere eigenen Kinder.“

Mit einem tiefen Atemzug kehrt sie in die Gegenwart zurück, antwortet leichthin: „Die Reporterin wird schon etwas Passendes finden.“

„Und dann muss ich an unserem Jubeltag in der Zeitung lesen: ‚Beim Rock ’n’ Roll hat es zwischen den beiden gefunkt‘.“ Harry schüttelt sich vor Unbehagen. „Das könnte ich nicht ertragen.“

„Keine Sorge“, lachend winkt Corinna ab. „Hat sich schon rumgesprochen, dass du nicht tanzen kannst“, neckt sie ihn. „Als die Journalistin unter dieser Überschrift einen Artikel zur Goldenen Hochzeit von Ulla und Rainer schrieb, hat es doch gestimmt. Bei jedem Schützenfest ist es eine Freude, zu sehen, wie die noch immer eine kesse Sohle aufs Parkett legen.“ Fast klingt es ein bisschen neidisch.

Harry scheint das nicht zu bemerken. Auf der Suche nach einem bestimmten Foto blättert er einige Seiten zurück, wird schließlich fündig. Die Aufnahme zeigt ein Fußballtor. Am linken Pfosten lehnt, betont lässig, ein Schlaks: der zwanzigjährige Harry. Beim Blick auf die junge Frau mitten im riesigen Kasten wird dem Betrachter klar, wie groß das Ding ist. Den Ball fest an die Brust gedrückt, strahlt Corinna mädchenhaft übermütig, als hätte sie gerade ein Tor verhindert.

Harry legt den Arm um seine Frau. „Für eine Kindergärtnerin warst du erstaunlich sportlich", sagt er und fügt zärtlich hinzu: „In jenem Sommer hast du nicht nur gelernt, einen Ball zu fangen. Du hast auch mich eingefangen."

Obwohl sie mit achtzehn Jahren längst werfen und fangen konnte, es den Größeren im Kindergarten mit Freude beigebracht hatte, widerspricht sie nicht. Zu gern erinnern sie sich beide an die Zeit ihrer ersten Begegnungen.

Harry hatte damals, genau wie Corinnas Bruder Uwe, nichts als Fußball im Kopf, immer nur Training, Auswärtsspiele in den umliegenden Kleinstädten. Als Kontrast zu seinem Beruf genoss er die Gemeinschaftserlebnisse in der Mannschaft. Auf die Idee, in der Freizeit mal zum Tanzen zu gehen, wäre er nicht gekommen. Überhaupt waren Mädchen für ihn und für viele seiner Freunde so etwas wie Wesen von einem anderen Planeten mit ihrem Getue, ihrem albernen Gekicher und den affigen Petticoats unter aufgebauschten Röcken.

An einem Samstag dann hatte Uwe den alles verändernden Anruf bekommen. Der Sanitäter, der den Verein bei Spielen begleitete, war verhindert gewesen, konnte nicht wie üblich beim Spiel dabei sein, um – wenn nötig – Verletzte zu behandeln. Der erwartete Gegner war als unfair und ruppig bekannt. Bei Spielen gegen diese Mannschaft hatte es immer Blessuren gegeben. Eine echte Notsituation also. In der Uwe den genialen Gedanken gehabt hatte, seine Schwester zu bitten, einzuspringen. Schließlich war sie als Kindergärtnerin darin ausgebildet, kleinere Verletzungen zu versorgen und zu entscheiden, wann ein Arzt gerufen werden musste.

Corinna erinnert sich, nicht gerade begeistert auf Uwes Ansinnen eingegangen zu sein. Die Fußball spielenden Kerle waren ihr unheimlich und fremd. Von einem anderen Planeten eben, das empfand auch sie so.

Da kam der Vater ins Spiel. Geduldig machte er seiner Tochter klar, wie wichtig ihr Einsatz für Uwes Mannschaft sei. „Mir und ihm zuliebe", hatte er gesagt. Und sie wusste, er war es gewesen, der ihren großen Bruder mit seiner Fußballbegeisterung angesteckt hatte. In Opole – damals noch Oppeln – geboren, hatte er bis ins hohe Alter von dem besonderen Talent der Jungs aus dem oberschlesischen Industrierevier zum Fußballspielen geschwärmt. „Wir haben das einfach im Blut", hatte er oft gesagt. Darin war er sich mit Harrys Vater, der einen ähnlichen Lebenslauf hatte, einig gewesen. Zwei glückliche Väter, später Großväter, die ihre Liebe zum Ball nicht nur den Söhnen, sondern auch den Enkeln weitergegeben hatten. Davon erzählen Fotos in anderen Alben.

Weil ihr Vater nur äußerst selten um etwas bat, hatte Corinna sich tatsächlich vor einundsechzig Jahren bereit erklärt, Uwes Mannschaft als Sanitäterin beizustehen – und hatte dann schon nach wenigen Spielminuten eine Platzwunde an der Stirn des Torwarts versorgen müssen.

Begleitet vom Johlen und Pfeifen der vorwiegend männlichen Zuschauer, war sie mit ihrem Erste-Hilfe-Köfferchen vom Spielfeldrand zu dem benommen am Boden liegenden Harry gelaufen. Während sie behutsam seine Wunde versorgte, hatte der Schiedsrichter mit mäßigem Erfolg versucht, für Ruhe im Stadion zu sorgen. Zu ungewöhnlich war zu jener Zeit der Anblick einer hübschen jungen Frau auf dem Rasen noch gewesen.

Tiefe Ruhe aber hatte für einige kurze, kostbare Augenblicke zwischen dem Verwundeten und seinem Engel, wie Harry Corinna nach diesem Vorfall nannte, geherrscht. Auch heute noch kommt ihnen der Moment, in dem sie sich damals angeschaut haben, sehr, sehr lang vor, eine kleine wunderbare Ewigkeit. Allzu lang konnte er wohl nicht gedauert haben, der alles entscheidende Augenblick, denn das Spiel ging weiter. Harry musste an jenem Nachmittag noch viele Tore verhindern, ehe es mit einem verdienten Sieg endete. Von diesem Tag an gehörte sie dazu, verlor nach und nach ihre Scheu vor den wilden Kerlen und die wilden Kerle vor ihr. Harry stellte fest, dass Mädchen, besonders Schwestern von Brüdern, recht patent sein konnten.

Aus dem Tagtraum erwachend, schenkt Corinna sich und ihrem Mann Kaffee aus der Warmhaltekanne nach, knüpft nach einer Weile an das Gespräch von vorhin an: „Die Reporterin wird nur das schreiben, was wir ihr von uns erzählen. Und der Fotograf wird uns so fotografieren, wie wir jetzt aussehen.“ Sie lacht, fügt hinzu: „Auf dem Sofa in Sonntagsklamotten, mit würdigem Lächeln und frisch vom Friseur.“

Im Grunde fürchtet sie sich vor dem Foto in der Zeitung, wundert sie sich doch oft über ihr Spiegelbild. Vor allem Fotos zeigen, wie alt sie beide geworden sind. Unglaublich, denkt sie. Denn irgendwie sind sie nur äußerlich alt. Darüber hat sie schon öfter nachgedacht, dass die Seele eines Menschen alterslos ist, jenseits von Zeit und Raum.

„Vielleicht kann der Ball mit den Unterschriften der Spieler von damals mit aufs Bild“, überlegt Harry laut.

Sie kichert. „Du solltest darum bitten, ein Sofa mitten ins Tor auf unserem Fußballplatz zu stellen“, schlägt sie vor. „Wir beiden sitzen gemütlich darauf, jeder mit einer Hand auf dem Ball …“

„Das wäre mal originell!“ Harry, der den Humor seiner Frau zu schätzen weiß, überlegt schon, mit wem im Verein er reden muss, um die als Spaß gemeinte Bemerkung seiner Frau in die Realität umzusetzen. Das ist bei ihnen so: Sie hat die Ideen, er ist für die Umsetzung zuständig. Gemeinsam sind sie unschlagbar, „ein Auto ohne Bremse“ hat seine Schwiegermutter mal gesagt, und es nett gemeint.

Eigentlich hatten sie an diesem Nachmittag die Gästeliste fertigstellen wollen. Doch sie spüren, wie gut es ihnen tut, die alten Fotos in den Alben zu betrachten und sich an so vieles zu erinnern, was sie zu zweit oder mit ihren Geschwistern, mit den Eltern, mit Schwiegereltern und natürlich mit ihren Kindern erlebt haben.

Bei einem Bild, das ihre Eltern zeigt, muss Corinna an den Rat der Mutter denken: „Eheleute sollten sich alles sagen können, aber manchmal auch kleine Geheimnisse voreinander haben." Beim Gedanken an ein kleines Geheimnis, das sie noch bis zum Tag der Diamantenen Hochzeit bewahren wird, huscht ein Lächeln über ihr Gesicht. Hoffentlich klappt es, denkt sie. Weil die Feier, ein Fest mit Sektempfang und Spargelessen in einem Landgasthof mit vielen Gästen, recht teuer werden wird, haben sie und Harry verabredet, sich gegenseitig nichts zu schenken. „Sechzig Jahre mit dir sind das größte Geschenk", hatte Harry gesagt, und sie hätte das genauso formulieren können.

Trotzdem hat sie ihren Bruder gebeten, einen Glückwunsch auf einer Autogrammkarte von Lukas Podolski persönlich – oder auch einen von Miroslav Klose – zu erbitten, am besten natürlich von beiden. Ihr Mann mag die weltbekannten Spieler mit den oberschlesischen Wurzeln besonders und hat ihren Werdegang immer im Auge behalten.

Das Gewünschte zu besorgen sei kein Problem, hatte ihr Bruder gemeint, er könne seine Beziehungen spielen lassen. Als langjähriges Mitglied in seinem Verein und noch immer aktiv, ist er in der Szene bekannt wie ein bunter Hund.

Seit einem Bänderriss und Knieoperationen vor vielen Jahren muss Harry sich mit der Rolle des Zuschauers bei Fußballspielen begnügen, was seiner Liebe zu diesem Sport wenig Abbruch tut. Das Geschenk wäre gewiss eine Freude für ihn, das weiß sie. Die Glückwunschkarten werden einen Platz in seinem Schrank mit Erinnerungsstücken und Fan-Artikeln bekommen, neben einem sehr alten Erste-Hilfe-Köfferchen.

Harrys kleines Geheimnis ist kostenintensiver. Er wird seiner Liebsten den Diamantring schenken, den er ihr gern zur Verlobung an den Finger gesteckt hätte, ihn sich aber zu jener Zeit nicht hatte leisten können.

Doch daran denkt Harry jetzt nicht, sein Blick ist an einem Foto hängen geblieben, das ihn – noch immer ein schlaksiger großer Junge – als stolzen Vater mit seinem jüngsten Sohn gemeinsam auf einem Fahrrad zeigt. Nach der mit weißem Stift auf das schwarze Papier des Albums geschriebenen Jahreszahl muss Mario damals vier Jahre alt gewesen sein. Bei einer ihrer gemeinsamen Touren hatte ein älterer Herr auf der Straße einem anderen etwas sehr Gehässiges über verantwortungslose Väter zugerufen, so laut, dass er es hören sollte.

So mit dem Kind Fahrrad zu fahren, war wirklich gefährlich gewesen. Wie leicht hätte eins der Füßchen in die Speichen geraten können. Heute weiß er das. Aber auf diese Art Kinder auf dem Fahrrad mitzunehmen, hatte zum Alltag gehört. Schnieke Kindersitze hatte es noch nicht gegeben und so etwas hätten sie sich auch gar nicht leisten können.

Manchmal denkt er darüber nach, dass sie materiell nach heutigen Maßstäben arm gewesen waren. Sie hatten es nicht so empfunden. In Familie und Nachbarschaft hatte jeder geholfen, wo er konnte, der eine hatte dies besorgen können, der andere das. Und als das Haus gebaut wurde, packten alle mit an. Besonders seine Schwiegermutter hatte sie bis an den Rand ihrer Kräfte unterstützt, weil Corinna zeitweise mitverdienen musste. Das alles macht auf eine andere Art reich. Sie sind dankbar dafür gewesen, dass er Arbeit gehabt hatte, dass die Kinder gesund zur Welt gekommen waren und …

… und die Liebe zu seiner Frau war die Grundlage seines Glücks. Die Liebe hatte sich im Laufe der Jahre nur verändert. „Aus Flammen ist Glut geworden", hat Corinna einmal gesagt. Das trifft es wohl. Er genießt es, mit ihr auf der Terrasse zu sitzen. Doch allmählich spürt er: Die Kaffeepause ist vorbei. Sie hat länger gedauert als sonst. Im Garten wartet Arbeit auf ihn. Und das Erstellen der Gästeliste kann er getrost seiner Frau überlassen. In Zweifelsfragen setzt sie sich ohnehin meist durch.

Ostergäste

Es ist kalt an diesem Ostersonnabend. Vom See her bläst ein böiger Wind die Flammen an, lässt Funken sprühen über vier Menschen, die sich mit ausgestreckten Armen die Hände wärmen. Unermüdlich schleppen Kinder aus der Nachbarschaft Brennmaterial heran, Schnittholz und Kloben. Möglichst lange soll das Osterfeuer brennen, züngeln und zischen, mit berstendem Holz knallen, rauchen, glühen.

Als das Feuer nach einiger Zeit ein Stück heruntergebrannt ist, übernimmt Roger mit den Kindern die Feuerwache, während Leni und Werner ihre langjährige Freundin Barbara mit ins Wochenendhaus nehmen. Bei Hühnersuppe und heißem Grog wollen sie sich innerlich aufwärmen; für die Wärme im Wohnraum sorgt das gezähmte Feuer hinter der Glastür des Ofens.

Vom Fenster aus beobachtet Barbara Roger. Er gefällt ihr, wirkt jungenhaft trotz seiner siebzig Jahre mit seinem herzhaften Lachen, dem weißes Strubbelhaar und den ausgebeulten Jeans zum Norwegerpullover. Die Kinder und er scheinen da draußen am Seeufer viel Spaß miteinander und mit dem Feuer zu haben. Sie muss daran denken, dass er früher ein paar Jahre lang zur See gefahren ist.

Leni bittet zu Tisch. Erst jetzt, beim Essen, fällt Barbara der bittere Zug um Werners Mund auf. Hat er etwa resigniert? Allerdings funkeln die Gläser seiner altmodischen Brille kämpferisch wie eh und je. Leni ist ein ganz anderer Typ. Mit ihrem runden Gesicht und den rötlich-braun gefärbten Locken wirkt sie lebensfroh unkompliziert.

Bei der Suppe berichten die beiden von ihren Sorgen um eines der erwachsenen Enkelkinder. Barbara traut sich nicht zu sagen, wie viel besser sie es fände, wenn sie sich weniger in andere Leben einmischen würden, dem Enkelsohn zutrauten, seinen eigenen Weg zu finden. Soll sie Werner, den sie seit der Schulzeit kennt, daran erinnern, wie lästig ihnen, als sie jung waren, die wohlmeinenden Ratschläge Älterer gewesen sind? Sie fürchtet eine Missstimmung. Deshalb ist sie froh, als Roger hereinkommt.

„Der Wind ist eingeschlafen“, sagt er und erzählt gut gelaunt, dass die Kinder verrußt und glücklich nach Hause gegangen sind. Das heruntergebrannte Feuer könne man nun getrost sich selbst überlassen. Ungeniert lässt er sich neben Barbara auf dem Sofa nieder und mischt sich einen Grog. Als er Barbara mit dem Grogglas zuprostet, schaut sie ein bisschen verwirrt in lachende, seltsam bernsteinfarbene Augen. Sie ist froh, als er sich den Teller mit Suppe füllt und sich dann aufs Essen konzentriert.

Seine Frau habe sich vor Jahren von ihm getrennt, hat Leni Barbara bei der Einladung zu dem Osterwochenende erzählt. Wahrscheinlich hofft sie, er und ich könnten uns näherkommen, denkt Barbara amüsiert. Sie kennt das: Menschen, die als Paar leben, meinen oft, auch andere würden im Doppelpack glücklicher. Dabei fragt Barbara sich manchmal, wie Leni es bei dem Griesgram und Besserwisser Werner aushält.

Leni räumt die Suppenteller in die Küchenecke und stellt eine Käseplatte und Ciabatta auf den Tisch. Das Gespräch dreht sich um die Anziehungskraft von Feuer, wie sehr es Menschen seit Jahrtausenden fasziniert. Über Prometheus, der den Menschen der Sage nach das Feuer brachte, kommen sie auf heidnische Bräuche zu sprechen, wie etwa die Walpurgisnacht und mittsommerliches Übers-Feuer-Springen.

Werner erklärt, dass es festlich begangene heilige Nächte zur Mittwinterzeit, sogenannte Weihenächte, schon bei den Germanen gegeben habe und die Kirche das heutige Weihnachtsfest der Einfachheit halber draufgepfropft hätte. „Mit Ostern steht es übrigens nicht anders“, verkündet er. „Ein germanisches Frühlingsfest, das mit einem vor zweitausend Jahren hingerichteten Wanderprediger nichts zu tun hat.“

„Aber es passt doch!“, interveniert Roger. „Kann man es nicht Auferstehung nennen, wenn das Licht stärker wird und sich die abgestorbene Natur neu belebt?

Und was den Karfreitag angeht, so ist die Bibel kein Tatsachenroman, sondern eine Offenbarung verschlüsselter Botschaften.“ Als alle erstaunt schweigen, fügt er fast trotzig hinzu: „In vielen alten Kulturen gab es Mysterien, bei denen ein symbolischer Tod samt Grablegung zum Einweihungsweg gehörte.“

„Du liebe Zeit, Roger, so kennen wir dich ja gar nicht!“, meint Werner befremdet „Seit wann beschäftigst du dich mit so was?“

„Es heißt in einer Legende, das Kreuz von Golgota wäre aus dem Holz des Urapfelbaums gewesen“, bietet der eine weitere Interpretation an. „Bedeutet das nicht: Die Rückkehr ins Paradies führt über Karfreitag und Ostern?“ Ratlos sieht Leni Barbara an, so als könne sie die Situation retten.

„Vielleicht ist das Kreuz ein Bild für Zeit und Raum“, überlegt Barbara laut. „Und wir sind auf unsere Ängste und Sorgen gekreuzigt. Gelingt es, Zeit und Raum im Jetzt zu überwinden …“ Mit dem Schrei: „Himmel, der Apfelstrudel!“ holt

Leni die anderen recht prosaisch in die Gegenwart zurück.

Zum Glück ist der Strudel im Backofen nicht zu braun geworden und schmeckt – übergossen mit heißer Vanillesoße – köstlich. Den Rest des Abends stehen unverfängliche Themen im Mittelpunkt der Unterhaltung. Aus Rücksicht auf Leni bemühen sich Barbara und Roger, Werner nicht zu reizen.

Als Roger gegen Mitternacht aufbricht, begleiten ihn die anderen durch die wenig frühlingshafte Kälte zu seinem Haus. Unter einem Himmel, an dem Sterne winterlich still und klar funkeln, gehen sie durch die „Große Nacht". „Große Nacht", so heißt Ostern in den slawischen Sprachen, daran muss Barbara denken, und an die Liedzeile „Vom hohen Himmel ein leuchtendes Schweigen erfüllt die Herzen mit Seligkeit".

Später, beim Einschlafen auf dem Gästebett neben dem Esstisch, ziehen die Ereignisse des Tages an ihrem inneren Auge vorbei. Sie denkt an das Feuer, an die eisig-sternklare Nacht, an Leni und Werner – und an Roger. Er hat sie beeindruckt und sie würde gern wissen, ob er sie mag. Jedenfalls hat er Lenis Einladung zum Frühstück angenommen.

Um acht Uhr in der Früh wird Barbara davon wach, dass Roger ans Fenster klopft. Er lacht über die Mühe, die es ihr bereitet, sich aus dem Schlafsack zu schälen. Gut gelaunt überreicht er ihr einen Schneeball. Unglaublich: Die Kiefern und Fichten, die Wiese vor dem Haus, alles weiß. Es hat in der Nacht geschneit.

Während Barbara das Gästebett beiseiteräumt, sich die Zähne putzt und sich anzieht, facht Roger die Glut im Ofen an. Bald duftet es nach Kaffee und aufgebackenen Brötchen. Ohne ein Wort darüber zu verlieren, sind sie sich einig, Leni und Werner schlafen zu lassen.

Beim Frühstück knüpfen sie an das Gespräch vom Vorabend an. „Ostern im Schnee und Weihnachten in der Badehose", sagt Roger, „das habe ich auf Reisen öfter erlebt." Er kommt auf einen Heiligen Abend in einem Seemannsheim zu sprechen. „Ein russischer Seemann hat mir damals einen neuen Zugang zum Christfest eröffnet", erzählt er mit ganz eigenem Lächeln: „Dimitri trug die Abbildung einer Ikone bei sich, die er mir zeigte. ‚Die Mutter Gottes', sagte er, ‚ist unsere Seele, und das Kind, das geboren wird, ist etwas Göttliches, das in uns geboren wird. Wir tragen den göttlichen Funken wie eine Eizelle im Herzen. Sie muss befruchtet werden, braucht Licht und Wärme. Mit dieser Herzgeburt folgen wir Christus. Sie ermöglicht es, unseren Nächsten so zu lieben wie uns selbst; sie lässt Angst, Gier, Hass, Eitelkeit und Neid verstummen.' Dimitris Worte gehen mir seither im Kopf herum. Das Christfest kann also jeden Tag stattfinden. Fragt sich nur, unter welchen Voraussetzungen. Und was wir dazu beitragen können."

„Mal langsam", bittet Barbara irritiert. „Maria als unsere Seele?" Daran muss sie sich erst gewöhnen.

„Es ist eine Deutung", schränkt Roger ein. „Aber seit ich davon gehört habe, begegnet mir diese Art der Interpretation immer wieder. Du wirst es nicht glauben, ich habe mir sogar Kunstpostkarten gekauft, die das darstellen. Josef sitzt als Mensch in Kontemplation, und seitlich über seinem Kopf siehst du, fast wie bei einem Comic, Maria in einer Aureole. Das Kind gibt es auf solchen Bildern oft zweimal. Einmal eingewickelt wie eine Schmetterlingspuppe und einmal nackt, bereit, von Wärterinnen in einem Trog gewaschen zu werden."

Eigentlich fürchtet Barbara solch missionarischen Eifer, doch Roger ist es gelungen, sie zu faszinieren. Außerdem scheint er selber auf der Suche zu sein. Weil er eine Reaktion von ihr zu erwarten scheint, fragt sie vorsichtig: „Ein Einweihungsweg?"

Er nickt. „Ich möchte wetten, er ähnelt sich in den Religionen." Nachdenklich erklärt er: „Sicher, Hindus, Buddhisten, Juden, Sufis, Schiiten, Sunniten, orthodoxe, katholische und evangelische Christen, sie alle haben eigene Rituale, ja eine Art Folklore entwickelt, die zum Teil wenig mit dem angestrebten Ziel zu tun hat. Aber wenn ich recht orientiert bin, gründet Gottesverehrung sich immer auf der Liebe eines Schöpfers zur Schöpfung und den Geschöpfen. So kann jeder Einweihungsweg nur ein Weg zu bedingungsloser Liebe sein. Und die scheint möglich, wenn das Herz sich öffnet."

Er muss die Fragezeichen in Barbaras Gesicht wahrgenommen haben. Jedenfalls vertraut er ihr an: „Darüber denke ich oft nach …"

Ein Klopfen an der Tür unterbricht das Gespräch. Roger öffnet. „Frohe Ostern, Teresa!", begrüßt er eine ältere Dame, die mit einem Strauß Weidenkätzchen hereinkommt. „Trink einen Kaffee mit uns. Werner und Leni schlafen zwar noch …"

Als er die beiden Frauen miteinander bekannt machen will, überreicht Teresa Barbara dasOstersträußchen mit den Worten: „Er ist auferstanden", und Barbara antwortet fröhlich: „Er ist wahrhaftig auferstanden!"

„Ich muss das am Ostermorgen sagen", bekennt Teresa und fährt mit einem Lächeln fort: „Und nun bekomme ich hier, wo ich es nicht erwartet habe, sogar eine Antwort." Sie zieht die Jacke aus und hängt sie über die Stuhllehne. „Früher war ich mit meinem Mann über Ostern in meiner Heimat Florenz, bei den Eltern. In meinem Innern sehe und höre ich die Menschen aus dem Ostergottesdienst kommen und sich mit diesen Worten beglückwünschen.“

Barbara erinnert sich an ähnliche Erlebnisse in ihrer Kindheit. Sie genießt das Zusammensein mit Roger und Teresa, fühlt sich fast so unbeschwert wie die Schneeflocken, die vor dem Fenster tanzen.

Das Schulfest

Schon von Weitem ist an diesem sonnigen Samstag Kinderlachen, Musik und übermütiges Geschrei zu hören. Als Joachim Beck und seine Frau Irmi den Schulhof der Grundschule betreten, spüren sie in all dem fröhlichen Durcheinander von spielenden Kindern und gut gelaunten Erwachsenen eine ganz besondere Festtagsstimmung. Der 60. Geburtstag der Schule wird gefeiert.

Von einem Grill, an dem Väter und Lehrer aktiv sind, duftet es köstlich nach Bratwürsten, Lehrerinnen leiten vergnügliche Wettspiele an. Und unter dem Vordach der Turnhalle gibt es Salate und Kuchen auf langen Tapeziertischen. Unerkannt bahnen sich die Becks einen Weg durch das bunte Getümmel.

Vor einem der durch Gänge mit großen Fenstern verbundenen Gebäudeteile bleiben sie stehen und schauen zur obersten Etage empor. Dort unter dem Dach war die Hausmeisterwohnung gewesen, in der sie so viele – zumeist glückliche – Jahre verbracht hatten. Ihre drei Kinder waren in den gemütlich eingerichteten Räumen groß geworden. Sie hatten den kürzesten Schulweg aller Mitschüler gehabt, einfach nur die Treppe hinunter. So viele Erinnerungen.

Bevor seine Frau sentimental werden kann, nimmt Joachim Beck sie am Arm und führt sie zu einem mit Girlanden geschmückten, einladend gedeckten Tisch, an dem er Rosa Fink und Horst Duda entdeckt hat. Ehemalige wie sie, und bisher die Einzigen, die hier, ein wenig abseits des Trubels, im Schatten der alten Kastanie sitzen.

Man empfängt sie mit freudiger Überraschung. Rosa Fink, die einst als Kunstlehrerin wunderbare Ausstellungen mit Kinderbildern organisiert hat, umarmt Irmi Beck; die Männer schütteln sich die Hände. Und weil die Schulleiterin, die sie eingeladen hat, ebenso wie alle Lehrerinnen und Lehrer, damit beschäftigt ist, mit Kindern und Eltern Spiele zu organisieren, haben die vier Gelegenheit, sich gemeinsam an gute alte Zeiten zu erinnern.

Das Kollegium und die Becks waren ein gutes Team gewesen, da sind sich die vier einig. „Einmal lud ich dich, lieber Joachim, in meinen Werkunterricht ein“, entsinnt sich Horst Duda. „Du als Allround-Genie konntest den Schülern lebenspraktisch – besser als jeder Lehrer – klarmachen, wie wichtig handwerkliches Geschick im Alltag ist.“

Während Kinderlieder herüberschallen, in einiger Entfernung Seifenblasen, groß wie Luftballons, zartfarbig schillernd in Wind und Sonne über den Köpfen der Menge taumeln und an anderer Stelle Schüler aus dem ersten Schuljahr im Tauziehen gegen den Sportlehrer antreten, der sich schließlich lachend quer über den Rasen ziehen lässt, während sich Kinder von Müttern die Gesichter fantasievoll bemalen lassen und es überall bunt durcheinanderwuselt, gehen Gedanken und Gespräche der Ehemaligen zurück in das vergangene Jahrhundert. Von Schönem und von Schwierigem ist die Rede.

Nach einer Weile sagt Rosa Fink zu Joachim Beck: „Ich erinnere mich noch genau, wie gern sich Kinder von dir verarzten ließen. Das war eine große Entlastung für uns bei der Hofaufsicht. War ein Kind hingefallen und hatte sich die Knie aufgeschlagen, lief es ganz selbstverständlich zu dir."

„Da gab es ja zum Pflaster ein Stück Schokolade", amüsiert sich Horst Duda. „Aber Rosa hat recht. Als ausgebildeter Sanitäter wusstest du oft besser als wir, wann es ernst und wann es weniger ernst war."

Eine ältere Dame stellt mit den Worten „Greifen Sie zu, heiß schmecken sie am besten!" einen Teller mit knusprig braunen Bratwürsten auf den Tisch und setzt sich auf den freien Stuhl neben Frau Beck. Die vier lassen sich nicht lange bitten und es wird still am Tisch.

„Ich musste mich bei der Schulleitung vergewissern, doch eigentlich habe ich Sie gleich wiedererkannt", sagt die Dame zu Frau Beck. „Mein Name ist Inge Heise, aber Sie werden mich nicht kennen."

Als die Angesprochene sie verwundert anschaut, berichtet Frau Heise, dass sie

Schülerin in dieser Schule war, auf die nun ihre Enkelin geht. „Damals kamen Sie in der Adventszeit in unsere Klasse. Im Namen der Putzfrauen baten Sie uns, jeden Mittag alle Stühle auf die Tische zu stellen, und Sie erklärten uns, wie sehr es Ihre Arbeit erleichtern würde, wenn wir Kinder nach dem Basteln das Gröbste zusammenfegten."

Mit einem kleinen Lächeln fährt die ehemalige Schülerin fort: „Selbstverständlich sagte unsere Lehrerin genau das Gleiche. Es gab sogar einen Dienst dafür, der wöchentlich wechselte. Aber mit Ihnen hatten wir diejenige vor uns, die in den vielen Klassenräumen mehr als hundert Stühle an einem Nachmittag hochstellen musste, wenn wir nachlässig gewesen waren. Aus einer anonymen Reinigungskraft wurde ein Mensch. Wenn ich nach Ihrer Ansprache Stühle von Mitschülern hochstellte, die es vergessen hatten, dachte ich dabei an Sie und Ihren Rücken."

Jetzt lächelt auch Frau Beck, setzt sich gerader hin und fasst sich mit der Hand ins Kreuz: „Tja, der Rücken", sagt sie und seufzt. „Der wird beim Putzen besonders beansprucht. Da können die Erfindungen, die das Fegen, das Wischen und all das erleichtern sollen, nur wenig helfen.“

Frau Beck und die Schülerin von einst, die inzwischen Großmutter ist, tauschen Erfahrungen über die heilsame Wirkung von Wassergymnastik und Hitzesalbe aus, bevor sie beginnen, über anderes zu sprechen. Inge Heise lebt noch immer in ihrem Elternhaus nahe der Schule. Mitte der Siebzigerjahre hat sie als Vorschulkind mit Claudia, der ältesten Tochter der Becks, nachmittags auf dem Schulhof manchmal Hüpfkästchen gespielt und – wenn mehr Mädchen dazukamen – Gummitwist oder Verstecken.

In die Gegenwart zurückkehrend, berichtet Frau Beck, dass auch Claudia mittlerweile Großmutter ist, und holt Fotos von ihren Enkeln und dem Urenkelchen aus der Handtasche.

„Leonie, wie lieb, dass du uns Alte nicht vergisst!“, ruft Horst Duda einer jungen Frau entgegen, die mit einem Teller voller Kuchenstücke und einer Thermoskanne auf den Tisch zusteuert. „Meine Großnichte macht gerade ihr Referendariat“, erklärt er den anderen.

Unkompliziert bedient die junge Frau alle mit Kaffee und setzt sich dazu. „Ich komme nicht ganz uneigennützig“, verrät sie. „Weil ich eine Arbeit über den Schulalltag nach dem Zweiten Weltkrieg vorbereite, sammele ich Erfahrungen von Zeitzeugen. Da möchte ich die Gelegenheit nutzen, um Sie um eine Geschichte aus Ihrer eigenen Schulzeit zu bitten.“

Während alle dem leckeren Kuchen zusprechen, wandern die Gedanken der Älteren zurück in eine ferne Vergangenheit. Schließlich ergreift Joachim Beck das Wort. „Vielleicht ist es der richtige Moment, etwas zu erzählen, woran ich in letzter Zeit oft denken muss“, beginnt er die Geschichte einer Kindheit zu erzählen, über der ein Schatten lag. „Mein Vater stammte von hier, war also, wie alle anderen damals, katholisch.“ Nach kurzem Innehalten fährt er fort: „Im Krieg und in seiner zum Glück recht kurzen Gefangenschaft haben ihm ein Kriegskamerad und die liebevollen Briefe von dessen Schwester Elke geholfen, das Grauen zu überleben.“ Er schaut in die Runde, bevor er sagt: „Wahrscheinlich ahnen Sie es schon. Elke wurde meine Mutter und aus dem Kriegskameraden wurde mein Onkel Jan. Alles wunderbar. Nur leider war die Familie von Jan und Elke evangelisch, wie in Norddeutschland, woher sie stammten, üblich.“

„Verstehe, eine Mischehe.“ Rosa Fink beißt sich auf die Unterlippe. Aus eigener leidvoller Erfahrung weiß sie noch sehr genau, was das in den Fünfzigerjahren bedeuten konnte.

Joachim Beck nickt. „Obwohl meine Mutter vor der Hochzeit zum katholischen Glauben übergetreten war und uns Kinder nach bestem Vermögen katholisch erzog, überschattete dieser Makel meine Kindheit.

In dem Ort, in dem ich aufwuchs, missbilligten viele die Wahl meines Vaters. Ausgehend von einigen Nachbarn wurde unsere Familie ausgegrenzt. Besonders unerträglich fand ich, dass auch Lehrerinnen und Lehrer mich und meinen Bruder ihre Abneigung spüren ließen. Und nicht selten übernahmen Mitschüler das bösartige Verhalten der Erwachsenen uns gegenüber. Dass wir nicht mitspielen durften, war noch das wenigste."

„Das ist ja finsteres Mittelalter!", staunt Leonie.

Mit einem traurigen Lächeln meint Joachim Beck: „Schlimm fand ich damals und finde ich es bis heute, dass niemand für uns Partei ergriff, dass niemand uns vor dieser Willkür schützte, vor den Prügeln und Bosheiten der Mitschüler."

„Geholfen hat meinem Mann die Liebe seiner Eltern und der Spruch seiner Mutter: ‚Was uns nicht umbringt, macht uns stärker!'" Mit dem Einwurf gibt Irmi Beck in ihrer resoluten Art dem Bericht eine neue Wendung. „Aus meinem Mann haben die leidvollen Erfahrungen seiner Kindheit einen Menschen gemacht, der sich für die Rechte Schwächerer einsetzt."

Horst Duda nickt. Daran kann er sich gut erinnern. „Die Schüler hatten großen Respekt vor euch beiden", bestätigt er.

„Einigen unverbesserlichen Raufbolden hast du, lieber Joachim, sogar die Regeln für einen fairen Ringkampf beigebracht."

„Heute wären Kollegien froh, wenn ihnen ein Hausmeisterehepaar wie Sie zur Seite stünde", sagt Leonie und bedankt sich bei Herrn Beck für den Einblick in ein düsteres Stück Vergangenheit. Sie möchte seinen Beitrag gern in ihre Arbeit aufnehmen, merkt an, den Begriff „Mischehe" bisher nur für Ehen zwischen deutschen und jüdischen Mitbürgern in der Zeit des Faschismus gekannt zu haben.

An Joachim Becks Bericht anknüpfend, erzählt Rosa Fink von ihren Erfahrungen während der Schulzeit in einer rheinischen Großstadt: „Katholische und evangelische Kinder besuchten damals getrennte Schulen. Wenn die Gebäude der sogenannten Bekenntnisschulen nebeneinanderlagen, trennte ein Zaun die Pausenhöfe. Und wehe, wenn einer von uns sein Schulbrot oder einen Apfel hinüberreichte. Es herrschte striktes Kontaktverbot, Übertretungen wurden hart bestraft." Sichtlich berührt fügt sie hinzu: „Einige der Aufsicht führenden Lehrkräfte waren da sehr engagiert."

Bevor jemand Stellung nehmen kann, tut sich etwas auf der Wiese neben dem Schulhof, das die Aufmerksamkeit aller auf sich zieht, zumal aus voll aufgedrehten Lautsprecherboxen ein Kinderlied erklingt. Schülerinnen und Schüler haben einen Tanz mit akrobatischen Einlagen eingeübt. Eine wichtige Rolle spielt dabei ein großer blauer Ball, auf dem die Erdteile grün aufgemalt sind. Als krönendes Finale heben beim Schlussakkord viele, viele Kinderhände diese Weltkugel in die Höhe. Die Gesichter der Mitwirkenden strahlen.

„Unsere Erde", freut sich Irmi Beck. Ihr Mann sagt leise: „Gehalten von Kindern aus vielen Ländern und mit verschiedenen Hautfarben."

„Schülerinnen und Schüler aus Patchworkfamilien und binationalen Ehen gehören ganz selbstverständlich dazu", ergänzt Leonie, fast übertönt vom Applaus. Sie wird auch die Geschichte von Rosa Fink für ihre Sammlung protokollieren. Die muss nur noch zu Ende erzählt werden.

Ins Unbekannte

Durch die offene Balkontür dringt erstes Morgenlicht. Nah und fern in den Dörfern ringsum krähen Hähne. Und wie an jedem Urlaubsmorgen freut er sich auf den Tag, liebt es, ihn mit einer kleinen Wanderung zu beginnen, bevor die Sonne über das Gebirge kommt.

Vorsichtig schließt er die Balkontür und zieht den Vorhang zu. Seine Frau schläft noch tief und fest. Bei seiner Rückkehr wird er sie zum gemeinsamen Frühstück wecken. Der Wirt des kleinen Hotels serviert es draußen. Unter einem Blätterdach sitzend, können sie weit über das Meer schauen.

Schon oft haben sie Ferien in Griechenland verbracht, auf Kreta sind sie zum ersten Mal. Ihm gefällt es in dem beschaulichen Fischerdorf abseits der Touristenstrände; und nachdem seine Frau eine kleine Badebucht für sich entdeckt hat, ist auch sie vollkommen glücklich. Der Inbegriff von Urlaub ist es für sie, zu schwimmen, am Kieselstrand in der Sonne zu trocknen und dann im Halbschatten ein Buch zu lesen.

Flitterwochen zur Goldenen Hochzeit! Die Aussage seiner Tochter trifft es genau. Für sie beide ist es ein großes Geschenk, sich nach fünfzig Ehejahren noch so zu lieben wie damals. Ihre Liebe ist mit ihnen alt geworden und jung geblieben.

Bevor er das Zimmer verlässt, kritzelt er auf einen kleinen Zettel: *Bin wandern!* Dazu malt er ein wanderndes Strichmännchen. Als er darunter *Ich liebe Dich!* schreibt, muss er lächeln. All diese Zettelchen bewahrt seine Frau auf. Weil jedes seiner Strichmännchen einen eigenen Charakter hat, sagt sie. Eher wird es an seiner Liebeserklärung liegen, vermutet er gut gelaunt.

Mit einem Blick zum Himmel entschließt er sich, in der morgendlichen Kühle durch den Olivenhain zum Kamm des Berges hinaufzuwandern. Er mag Orte, die er noch nicht kennt, nimmt mit Bewunderung wahr, wie mit Fleiß und Sachverstand wohl schon vor Jahrhunderten durch das Anlegen von Terrassen der Berghang in fruchtbares Kulturland verwandelt wurde. Es verletzt sein Gerechtigkeitsgefühl, dass große Teile der griechischen Bevölkerung durch die drastischen Sparauflagen der Europäischen Union so verarmt sind.

Überall herrscht Krieg der Reichen gegen die Armen. Mit dieser Aussage hat es sein Lieblingskabarettist auf den Punkt gebracht. Maßloser Reichtum und bittere Armut bedingen einander. Doch daran will er jetzt nicht denken. Auf dem Weg, der sich in Serpentinen zwischen den Terrassen mit den knorrigen Bäumen hinaufschlängelt, kommt er gut voran, läuft sich ein bisschen warm und erreicht schneller als erwartet die Bergkuppe.

Von einem Felsen aus schaut er hinab auf die von Geröll bedeckte unfruchtbare Seite des Berges, an dessen Fuß das Meer weiß anbrandet. Auf der linken Seite, von ihm aus nicht gut einzusehen, arbeiten weit unten, nahe dem Ufer, Bagger und andere Maschinen. Ein Steinbruch, denkt er, davor ein Schiff, auf das die Steine verladen werden. Alles klein wie Spielzeug.

Der Wind trägt gedämpfte Arbeitsgeräusche herauf. Dort drüben scheint schon die Sonne; auf dem steinigen Hang zu seinen Füßen noch nicht.

Ihm fällt ein, im Reiseführer von Höhlen gelesen zu haben, die früher von frommen Einsiedlern bewohnt wurden. Er denkt an den Ausflug nach Patmos vor einigen Jahren, an die Höhle, in der Johannes die Apokalypse empfangen und aufgeschrieben haben soll. Als er seine Augen suchend über die Mondlandschaft schweifen lässt, meint er, schmale Wege zu erkennen, Ziegenpfade. Womöglich führen sie zu solchen Höhlen. Ihn überkommt große Lust, zu einer solchen Höhle hinabzuklettern.

Der Abstieg gestaltet sich leichter, als er gedacht hat, obwohl er manchmal seine Hände zu Hilfe nehmen muss. Einmal beginnen Steine unter seinen Füßen wegzurutschen. Langsamer und achtsam klettert er weiter. Den Pfad, den er von oben gesehen zu haben meint, gibt es allerdings nicht. Das war wohl eine optische Täuschung.

Erst als die Sonne die Steine ringsum in gleißendes Licht und erbarmungslose Hitze taucht, gibt er seine Suche nach einem Pfad und nach einer Höhle auf. Unter ihm endet der Hang im Meer, über ihm reckt sich die Bergwand steiler in die Höhe, als er es beim Hinabsteigen empfunden hat. Mit leisem Erschrecken stellt er fest, dass es gar nicht so einfach ist, wieder hinaufzusteigen, an einigen Stellen sogar ganz unmöglich. Nur mühsam kommt er voran.

Als er kaum mehr als die Hälfte des Rückwegs geschafft hat, spürt er plötzlich Höhenangst. Das kennt er von Mutproben in seiner Jugend, aber er hatte ihre Macht vergessen. Nun versucht er, die lähmende Beklemmung abzuschütteln.

Erschöpft und verschwitzt klettert er weiter, vermeidet dabei, nach unten zu schauen, um seiner Angst, abzustürzen, keine Nahrung zu geben. Als wieder Steine unter seinen Füßen zu rollen beginnen, erfasst ihn Panik. Todesangst lässt seinen Atem stocken, macht seinen Körper steif und ungeschickt, noch unfähiger, die gefährliche Situation zu bewältigen.

Er schickt ein Stoßgebet zum Himmel, denkt an seine Frau, die vielleicht schon auf ihn wartet. Als er seinen Blick zur Bergkuppe hebt, entdeckt er einen Baum, den er vorhin gar nicht bemerkt hat. Der kleine Olivenbaum hat es geschafft, weit oben in der öden Steinwüste Wurzeln zu schlagen. Wie von einem lebendigen Wesen fühlt er sich von ihm ermutigt. Der Baum hilft ihm, nicht aufzugeben, nicht hinabzuschauen und sich mit zusammengebissenen Zähnen Meter für Meter aufwärtszukämpfen. Der Schweiß rinnt ihm in Strömen über den Rücken, mit dem Arm wischt er sich die Stirn. Seine Augen schmerzen.

Der kleine Olivenbaum empfängt ihn wie ein Freund, spendet sogar ein wenig Schatten, lädt ihn ein, seine Füße am Stamm abzustützen, sich auszuruhen. Doch er muss weiter. Die letzten Meter erweisen sich als besonders schwierig, weil viele Felsen nah der Kuppe zu steil sind, um von ihm überwunden zu werden. Unerbittlich ragen sie in den Himmel, an dem eine ebenso erbarmungslose Sonne brennt.

Auch die stille Kraft des Bäumchens ermutigt ihn, weiterzusuchen, bis er eine Stelle findet, an der er auf die fruchtbare Seite des Berges gelangen kann.

Ihm ist, als sei er begnadigt, als sei ihm das Leben neu geschenkt. Mit weit offenen Sinnen geht er den Weg durch den Olivenhain zurück, schmeckt die Luft, hört die Zikaden, sieht den Raubvogel weit oben. Hat ihn sein Übermut wirklich an den Rand des Todes geführt oder hat er das nur so empfunden? Das ist ihm egal. Eine stille Dankbarkeit erfüllt ihn. Er lebt.

Als er das Hotelzimmer betritt, schläft seine Frau noch. Mit einem Blick auf die Uhr stellt er fest, dass seit seinem Aufbruch nicht mehr Zeit vergangen ist als bei seinen anderen morgendlichen Ausflügen. Unter der Dusche überlegt er, ob er seiner Frau überhaupt von seinem waghalsigen Abenteuer erzählen soll – und ob er sich langsam daran gewöhnen muss, zu alt für solche Exkursionen zu sein.

In Gesellschaft schmeckt es besser

„Aber nur in Kurzzeitpflege." Das war die Bedingung ihres Vaters gewesen. Immerhin hatte er erkannt: „Du und dein Alfred, ihr seid ja auch nicht mehr die Jüngsten", und ihnen einen Urlaub zugebilligt.

Ruth verstand, wie sehr ihr neunzigjähriger Vater an seiner Wohnung und seiner Umgebung hing. Von mehreren Zimmern aus konnte man den kleinen Hafen sehen. Dorthin ging er bei jedem Wetter. Und am längst nicht mehr schiffbaren Fluss entlang in die Innenstadt. Möglicherweise trieb ihn die Hoffnung, zufällig Freunde zu treffen, so wie früher. Doch er hatte seine Freunde und Bekannten überlebt, nun stand er nur noch mit einem einzigen in lockerem Kontakt.

Nach dem Tod seiner Frau hatte er sich mit den Worten „Alte Bäume verpflanzt man nicht" gewehrt, in eines der Seniorenheime zu ziehen, obwohl er eigentlich ein geselliger Mensch war und ihm die täglichen Verrichtungen schwerfielen.

Inzwischen gab es ein neues Seniorenheim. Es lag in der Innenstadt und von dort aus war der Hafen auf dem Uferweg leicht zu erreichen. Das gab den Ausschlag. Bevor sie ihren Vater zur Kurzzeitpflege anmeldete, hatte Ruth sich alles zeigen lassen und während des Mittagessens in den Speisesaal geschaut. Jeder hatte dort einen festen Platz. „Überschaubarkeit gehört bei uns zum Konzept“, hatte ihr der freundliche Mann mittleren Alters, der sie herumführte, erklärt.

An einem Tisch mit vier munteren Seniorinnen hatte sie einen freien Platz entdeckt. Als sie fragte, ob nicht ihr Vater während seines Aufenthalts dort sitzen könnte, hatte der Pfleger verständnisvoll gelächelt und gemeint: „Die Damen werden sich gewiss freuen.“

Einige Tage später sind die Damen hell begeistert von ihrem neuen Tischnachbarn, der so höflich und gebildet ist, gute Manieren hat und beim Essen interessante Themen anschneidet. Es kostet Sabine, die älteste von ihnen, keine Überwindung, ihm nahezubringen, dass Lissy, Franziska, Edith und sie sich duzen. Bereitwillig nennt auch er seinen Vornamen: Wilhelm. Und nicht nur weil der Koch das Essen abwechslungsreich und schmackhaft zubereitet, werden die Mahlzeiten für alle fünf zu einem Ereignis, auf das sie sich freuen.

Zum Frühstück gibt es nun sogar manchmal Kirschen, die Wilhelm frühmorgens auf dem Wochenmarkt besorgt. Leckere hellrote Kirschen und dicke, fast schwarze. Übermütig wird ein Wettbewerb im Weitspucken von Kirschkernen geplant.

Einmal beobachtet Edith, wie Wilhelm und Sabine gemeinsam das Haus verlassen, um am Fluss spazieren zu gehen. Sie gönnt der Freundin das Vergnügen. Und das schon fast vergessene Gefühl der Eifersucht wertet sie als Zeichen, innerlich jung geblieben zu sein. Doch schon an einem der nächsten Nachmittage sorgt Sabine dafür, dass nicht nur Edith, sondern auch Franziska mit dem Rollator und Lissy in ihrem Rollstuhl an solchen Ausflügen teilnehmen.

Als Ruth zwei Wochen später gut erholt aus dem Urlaub in das Heim kommt, um ihren Vater abzuholen, macht er sie gleich mit seinen neuen Freundinnen bekannt. „Stell dir vor“, sagt er, „ich habe auf meine alten Tage noch Bridge gelernt.“

Wie gern er mit Lissy Schach gespielt hat und wie viel Spaß Sabine und er beim Scrabblen hatten, erwähnt er nicht, lacht in sich hinein bei der Erinnerung an Wörter wie „Quickie“ und „Sex“, die sie sich getraut hatte, auf das Brett zu legen. „Hauptsache, es bringt doppelte Punkte“, hatte sie gemeint. Überhaupt saß ihr der Schalk im Nacken. Und natürlich verstand er, dass Buchstaben wie „X“ und „Q“ geschickt untergebracht werden mussten. Seine verstorbene Frau hätte sich geschämt, solche Wörter zu benutzen. So war sie erzogen worden, und er hatte ihre Zurückhaltung gemocht. Doch auch Sabines Unbefangenheit hatte ihm gutgetan.

Lissy war ganz anders. Ihre Ruhe und Gelassenheit beim Setzen der Schachfiguren und das dezente Hüsteln, mit dem sie ihn vor unbedachten Zügen bewahrt hatte, würden ihm ebenso in Erinnerung bleiben wie der Spieleifer, der Franziska und Edith beim Bridge rote Wangen ins Gesicht zauberte. Das alles wird ihm fehlen. Nie hatten sie gegeneinander gespielt, immer miteinander. Außer Schach hatte er die Spiele neu lernen müssen, da war er noch nicht so fit wie seine Mitspielerinnen gewesen. Aber geduldig hatten sie ihm geholfen, die Regeln zu lernen, zu gewinnen, zu verlieren und gemeinsam zu lachen. An all das denkt er beim Abschiednehmen.

Vieles geht ihm durch den Kopf, als er mit seiner Tochter die Schränke leert und seine Sachen in Koffer und Tasche packt. Und später, als er im Auto wartet, während sie noch einiges in der Verwaltung zu regeln hat, fällt ihm der Klavierabend ein. Richtig chic hatten er und seine neuen Freundinnen sich dafür gemacht. Ein Mitbewohner trug mit großem Können Klavierstücke vor und erzählte anschaulich aus dem Leben verschiedener Komponisten. Franziska kannte ihn näher, er hatte als Lehrer an einer Waldorfschule unterrichtet.

Interessant war auch der Abend mit der emeritierten Psychologie-Professorin gewesen. Sie hatte einen Vortrag zu den Themen Einsamkeit und soziale Isolation gehalten.

Einsamkeit könne vom Wort her „eins mit sich selber sein“ bedeuten, hatte sie anfangs gesagt und gemeint, viele der Anwesenden hätten gewiss Erfahrungen mit dem guten Alleinsein, brauchten Momente, in denen sie sich – von niemandem gestört – ganz bei sich fühlten. Sie selber erlebe das vor allem in der Natur. Für diese Art des Alleinseins nannte sie Beispiele aus den Weltreligionen, zitierte Gebets- und Meditationstexte, las kurze Passagen aus literarischen Werken vor, von Goethe, Tolstoi, Gorki und anderen großen Geistern.

Ihr Wissen fand er beeindruckend und ihr Enthusiasmus hatte ihn so berührt, dass er sich vorgenommen hatte, wieder mehr als nur die Tageszeitung zu lesen. Beim Lesen und Schreiben schätzten die meisten Menschen die Ruhe des Alleinseins, hatte sie gesagt, und dass Bücher zu guten Freunden werden könnten und Tagebücher die Selbstvergewisserung unterstützten.

Ruhe und Alleinsein wird er bald wieder im Überfluss haben. Er weiß nicht, ob er das schön oder schrecklich finden soll, wahrscheinlich ist es beides. In der Literatur gäbe es für jeden eine verwandte Seele, hatte sie versprochen. Und nicht nur gläubigen Menschen öffne sich das Herz und der Horizont beim Lesen der Bibel. Es war lange her, dass er selber solche Erfahrungen gemacht hatte.

Nachdem die Professorin über die positiven Seiten des Alleinseins gesprochen hatte, kam sie auf soziale Isolation zu sprechen, auf das Sich-allein-gelassen-Fühlen. Um damit professionell umgehen zu können, gebe es in Großbritannien seit 2018 ein Ministerium gegen Einsamkeit. In ganz Europa seien es besonders ältere Menschen, die sich auf eine bittere Art einsam, von niemandem mehr gebraucht und wahrgenommen fühlten.

Im Laufe ihres langen Vortrags, bei dem nicht wenige einschliefen, wagte die Referentin die These: „Ohne abendfüllendes

Fernsehprogramm gäbe es sicherlich mehr Suizide." Sein Zwischenruf: „Sind es nicht eher die ständigen Wiederholungen, die Menschen in den Freitod treiben?", war ein großer Lacherfolg gewesen, sogar die Eingenickten wurden davon aufgeschreckt. Er war wieder der Klassenclown, der Alleinunterhalter, der er einst gewesen war, das hatte sich toll angefühlt. Plötzlich kannten ihn alle, Gleichgesinnte klopften ihm noch am folgenden Tag auf die Schulter.

Die Psychologin hatte mitgelacht und ihm recht gegeben. Nach dem Vortrag hatte er von ihr das Buch über Einsamkeit gekauft und es sich signieren lassen. Dabei konnte er sie fragen, ob es nicht riskant sei, ein für alte Menschen so schmerzliches Thema offen anzusprechen. „Nur was uns bewusst ist, können wir ändern", war ihre allzu knappe Antwort gewesen.

Aufgewühlt von dem Gehörten, hatte er mit Sabine und Lissy bis tief in die Nacht zusammengesessen, um es zu verarbeiten. Unter anderem hatten sie über eine Anekdote aus dem Leben der Psychologin gesprochen. Deren hochbetagte Mutter hatte sich geweigert, in ein Altersheim zu ziehen, weil sie nicht mit alten Menschen zusammen sein mochte. „Genauso habe ich gedacht, als ich mit der Querschnittlähmung und meinen anderen Problemen, kaum 60 Jahre alt, in ein Pflegeheim sollte“, erzählt Lissy. „Bis ich hierher kam, graute mir vor der Gesellschaft …“ „… von Greisinnen und Greisen wie uns“, hatte Sabine den Satz vollendet und auf ihre herzerfrischende Art gelacht.

Am liebsten würde er aus dem Auto steigen und alle umarmen, so machte man das doch heute. Die Zeit wird ihm lang, er fragt sich, wo seine Tochter bleibt.

Als Ruth nach einem längeren Gespräch aus dem Büro kommt, wartet dort Edith mit einem ganz besonderen Anliegen auf sie: Ob sie ihren Vater nicht überreden könne, weiterhin zum Mittagessen ins Seniorenheim zu kommen. „Er ist so unterhaltsam; ein Gentleman alter Schule“, schwärmt sie. „Und er riecht so gut“, fügt sie leise und übermütig hinzu.

Während der Autofahrt in seine Wohnung ist der Vater schweigsam. Dann beginnt er von dem leckeren Essen zu schwärmen, die Kost, die ihm bisher ins Haus geliefert wurde, sei damit überhaupt nicht zu vergleichen. Und ihr sei eigentlich auch nicht länger zuzumuten, an den Wochenenden für ihn mitzukochen.

Da spürt Ruth, dass sie ihn nicht überreden muss. Ihr ist auf einmal, als falle eine große Last von ihr ab. Gut gelaunt erwidert sie: „Außerdem schmeckt es in Gesellschaft besser."

Ihr Vater nickt gedankenverloren. „Und sonst?", fragt sie. „Wie geht es dir so? Wie ist dir die Kurzzeitkur bekommen?"

„Ich konnte für Stunden meine Schmerzen vergessen", antwortet er. Seine Stimme klingt anders als sonst, wacher, froher. „Auch geschlafen habe ich besser. Seltsam geborgen habe ich mich gefühlt, als ob es dort wärmer ist als in meiner Wohnung."

Zeit im Überfluss

Unter der Buche im Park des Seniorenheims lässt es sich an heißen Tagen gut aushalten. Christa und Marlene lieben den Platz im Schatten des alten Baumes mit den dunkelroten Blättern. In diesen Sommerwochen sitzen sie dort jedes Mal, wenn Marlene ihre Freundin besucht. Sie bringen ihre Kaffeebecher mit und stellen sie auf das Tischchen, das jemand für sie extra aufgestellt zu haben scheint.

Wie ein altes Paar erinnern sie sich gern an das erste Zusammentreffen, an den Beginn ihrer Freundschaft. „Neugierig war ich schon, wer in das Haus nebenan eingezogen war“, gesteht Marlene und lacht leise. „Du weißt, es war zeitweise von Sportreportern und Fans umlagert; von Fußballbegeisterten, die auf ein Autogramm hofften“, sie lacht wieder, „oder auch nur auf einen Blick ins Privatleben ihres Helden.“

„Stimmt“, sagt Christa. „Irgendwann vor mir hat da dieser Fußballstar gewohnt. Wie hieß er noch?“

Marlene schüttelt leicht den Kopf, den komplizierten Namen hat sie längst vergessen. Sie will auf etwas anderes hinaus: „Das Haus hat dann mehrmals den Besitzer gewechselt, sodass ich, nachdem der Sportler dort ausgezogen war, nie mehr wusste, wer dort gerade wohnt. Bis zu dem Morgen, an dem du mir über den Zaun hinweg die Hand gegeben hast. ‚Ich bin Christa', hast du gesagt. ‚Und ich lade dich herzlich für heute Nachmittag zu mir ein.'"

„Gleich Du zu sagen und meinen Vornamen zu nennen, war ein bisschen dreist von mir", meint Christa im Rückblick, sagt fast ungläubig: „Ich bin doch vierzehn Jahre jünger als du."

„Du warst neu in unserem Viertel, kanntest niemanden. Mutig hast du die Flucht nach vorn angetreten", beschwichtigt Marlene und setzt nach längerem Schweigen hinzu: „Das Alter eines Menschen hat für mich nie eine Rolle gespielt. Ein Leben lang hatte ich Freundinnen, die wesentlich jünger oder auch älter waren als ich. Deine Art vorzupreschen, fand ich erfrischend. Und ich erinnere mich noch gut an den Apfelkuchen, den du gebacken hattest."

Damit hat sie Christa aus der Reserve gelockt. Die kichert bei der Erinnerung daran. „Der war weniger erfrischend, der war noch heiß", fällt ihr ein. „Ich hatte keinerlei Erfahrung mit dem Kuchenbacken, hatte nur schnell ein Rezept herausgesucht, das mir einfach genug erschien fürs erste Mal. Nach deiner Zusage, zum Kaffee herüberzukommen, lag mir so sehr daran, es für uns beide gemütlich zu machen, mit Kuchenduft im Haus und so." Sie seufzt und verrät: „In den langen Jahren meiner Berufstätigkeit hatte ich mich oft danach gesehnt, Zeit im Überfluss zu haben. Und der Kuchenduft in meiner Kindheit war ein Synonym dafür. Meine Mutter hat viel gebacken, Brot, Kuchen und Kekse. In den schlechten Zeiten nach dem Krieg machte sie aus Schiete Rosinen, wie man bei uns sagte, buk Plätzchen aus Wasser und Mehl mit einer Prise Zucker." An die Hungerjahre kann sich auch Marlene gut erinnern, an das Zaubern von essbaren Gerichten mit den abenteuerlichsten Zutaten.

Gedankenverloren beobachten beide das Leben auf der Liegewiese, wo es sich ältere Damen und Herren auf Sesseln unter bunten Sonnenschirmen bequem gemacht haben. Der leichte Wind hilft an diesem Tag, die übergroße Hitze zu ertragen.

„Der Ruhestand war noch so ungewohnt für dich, keine Frühschichten mehr, keine Spätschichten, keine Nachtdienste, vor allem aber: keine Verantwortung mehr für kranke und leidende Menschen, für Kolleginnen und Kollegen und all das“, nimmt Marlene den Gesprächsfaden wieder auf, erinnert die Freundin an die damalige Situation. „Nie werde ich vergessen, wie du zu mir gleich bei der ersten Begegnung gesagt hast: ‚Wenn du mich brauchst, bin ich für dich da. Als Krankenschwester weiß ich, was ein Mensch im Notfall – oder auch bei alltäglichen Wehwehchen – nötig hat.‘ Ich habe noch deine Worte im Ohr: ‚Hab keine Hemmungen, ruf mich an. Ich komme rüber und pflege dich.‘“

„Und nun sorgst du für mich“, sagt Christa bekümmert.

„Ach was, nun übertreib nicht“, wischt Marlene die Verlegenheit beiseite. „Ich kauf mal ein paar Sachen für dich ein, das ist alles. Du bist hier ja in bester Obhut.“

Nicht zum ersten Mal fragt sie sich, ob sie einfach Glück hat mit ihrer Lebenskraft und ihrer Gesundheit, wie neulich jemand sagte. Sie fühlt sich, abgesehen von ein paar Zipperlein und altersbedingten Schwächen, wohl in ihrer Haut – und in der eigenen Wohnung. Bei solchen Gedanken würde sie gern an den dicken, vernarbten Stamm der Buche klopfen: dreimal Holz, dass es so bleiben möge. „Wusstest du, dass wir mit dieser Geste Jupiter anrufen?“, hat ihre Tochter neulich belustigt gefragt. Die Begründung hat sie vergessen. Wahrscheinlich war der römische Gott für Bäume zuständig, und damit natürlich auch für Holz. Ihr fallen die Zeus-Eichen ein, die heiligen Haine im alten Griechenland.

Vielleicht hat Christa recht mit der Vermutung, dass neben guten Genen und gesunder Lebensweise vor allem ihr Gottvertrauen, ihre Zufriedenheit, Zuversicht und ihr Optimismus sie so heil durchs Leben tragen. Damit ist die Freundin weniger gesegnet. Mein Glas ist trotz all der Schicksalsschläge zumindest immer halb voll, denkt sie. Ihren Eltern und Großeltern, die ihr das vorgelebt und mit auf den Weg gegeben haben, ist sie unendlich dankbar dafür.

Auch Christa hängt ihren Gedanken nach. Dann nimmt sie einen großen Schluck von dem schon kalt gewordenen Kaffee. „Du sorgst dich doch um mich“, präzisiert sie ihre Aussage. „Du bist die Einzige, die mich besucht. Und seit meine Augen nicht mehr so wollen, liest du mir vor.“ Unvermittelt strafft sie ihre Haltung, sagt fast streng: „Genug geplaudert. Du solltest jetzt endlich mit dem Vorlesen beginnen.“

In solchen Momenten kann Marlene sich gut die durchsetzungsfähige Stationsschwester vorstellen, die ihre Freundin einmal gewesen sein muss. Diese Seite gehört auch zu Christa, ist ihr geblieben, und Marlene hat sie über die Jahre als innere Stärke der anderen schätzen gelernt.

Haus am Deich

„Lassen Sie doch einfach mal nachts, wenn wir schlafen, unsere Zimmertür offen stehen“, hat Jonny gesagt. Und als es gegen 22.30 Uhr ruhig wird im Haus, folgt Mareike seinem Vorschlag. Neben der geöffneten Tür von Zimmer Nummer neun macht sie es sich in der Sitzecke im Gang bequem. Sie hat sich ein Glas heißen Tee mitgebracht, hell vom Zitronensaft und süß vom Kandis, denkt: Möge es mich vor einer Erkältung bewahren.

Ein Novembersturm heult um das Seniorenheim, bringt alles, was nicht niet- und nagelfest ist, zum Klappern, rauscht furchterregend in den alten Bäumen und macht mit dem Seil der Fahnenstange vor dem Haus weithin klingende Musik. Regen klatscht heftig gegen die Fensterscheiben – doch das alles erhöht nur Mareikes Gefühl von Geborgenheit. In einen Sessel gekuschelt, horcht sie auf das Tosen und Toben da draußen. Den Teller mit den köstlichen Zimtsternen haben ihr die lieben Damen von der Arbeitsgemeinschaft „Großmutters Küche“ für den Nachtdienst hingestellt. Jeder kennt hier im „Haus am Deich“ jeden, das führt zu einem friedlichen, freundlichen Umgang miteinander.

Nach dem Tod einer nicht ganz einfachen Bewohnerin empfindet sie die Ruhe und den Frieden im Haus doppelt deutlich. Manchmal kommt sie nun sogar während des Nachtdienstes zum Lesen und ab Mitternacht zum Schlafen. Ihre Gedanken kehren zurück zu Jonny. Er wird auf seinen Wunsch hin von allen so genannt. Ein Künstlername aus seiner Zeit im Shanty-Chor. Und mit seinem blaugestreiften Fischerhemd, der rauen Stimme und seiner lockeren Art holt er wirklich die maritime Romantik von Seemannsliedern, Shantys und alten Filmen an Bord des Seniorenheims.

Jonny hat sich ihr anvertraut, weil er vermutet, dass Paul Dierksen, mit dem er das Zimmer teilt, von Albträumen gequält wird. „Er murmelt im Schlaf wirres Zeug, ruft halbe Sätze und scheint in Not zu sein“, berichtete er. Nur zufällig habe er das mitbekommen, weil er vergangene Nacht vergessen habe, sein Hörgerät beim Zubettgehen abzulegen. Normalerweise schlafe er wie ein Bär. Er macht kein Geheimnis daraus, dass er sich abends gern mal „einen antüddelt“, wie er es selber nennt, wenn sich in seinem Grog das Mischungsverhältnis von heißem Wasser und Rum in Richtung halb und halb verschiebt. Dann gilt es natürlich, den Rausch auszuschlafen, und er kann sich nicht um seinen Zimmergenossen kümmern.

Jonny ist ein geselliger Mensch, umgänglich, humorvoll, ein echtes Unikum. Ein Alkoholproblem hat er nicht, denkt Mareike; er gehört zu denen, die wissen, wann sie aufhören müssen. Wahrscheinlich trinkt er gegen einen Seelenschmerz, den er hinter der Fassade des ewigen Witzboldes verbirgt, vermutet sie. Zu spüren ist das, wenn er sich überreden lässt, etwas Trauriges, einen Blues, zu singen. Mit den von Gicht schmerzenden Händen kann er schon lange nicht mehr Akkordeon spielen, aber singen kann er mit seiner rauen Stimme noch immer recht gut.

Jonny und Paul Dierksen kennen sich aus dem Shanty-Chor. Man sagt, Jonny habe den alten Kumpel auf der Beerdigung von dessen Frau überredet, zu ihm ins „Haus am Deich“ zu ziehen. Jetzt teilen sich die beiden eines der geräumigen Doppelzimmer, die das Heim eigentlich für Ehepaare bereithält; jeder hat sich seine Ecke des Raumes gemütlich eingerichtet. Und wenn das Wetter es zulässt, sitzen sie vor der Tür ihres Apartments auf der Terrasse, rauchen Pfeife oder knütteln komplizierte Seemannsknoten.

Mareike schreckt auf. „… das Vieh losmachen!“, hört sie Paul Dierksens verzweifelte Stimme. Leise geht sie ins Zimmer. In dem vom grünen Notlicht über der Tür schwach erhellten Raum sieht sie, wie der alte Mann mit seiner Bettdecke – und mit einem Albtraum – kämpft. Er flüstert voller Entsetzen: „Das Wasser, das Wasser …“, schreit leise auf: „Der Deich …!“

Sie stellt sich an sein Bett und sagt ganz ruhig: „Alles in Ordnung! Das Vieh ist in Sicherheit und wir sind es auch. Schlafen Sie weiter!“

Paul Dierksen murmelt Unverständliches. Mareike überlegt, ob sie ihn wecken soll. Vielleicht gelingt es ihr auch so, den von einem Angsttraum Gepeinigten in die Gegenwart des geschützten Zimmers zu holen. Ihr besänftigender Zuspruch: „Wir sind hier völlig sicher. Es besteht keine Gefahr. Der Wind kommt aus Südost und es ist kein Orkan", wirkt tatsächlich beruhigend.

Auch in diesem Raum ist das Jaulen des Herbststurms zu hören, sein Wüten in den Bäumen. Bei alten Leuten weckt solches Wetter manchmal Erinnerungen an die große Flut von 1962. Das weiß Mareike, das kennt sie von ihren Eltern. Wenn das Wasser mal wieder hoch am Deich steht, berichten sie davon, wie Menschen mit Koffern und Taschen landeinwärts transportiert wurden, in höher gelegene Ortsteile. Um halb elf Uhr nachts unterbrach das Radio eine Sendung mit dem Hinweis auf die Deichbruchgefahr. Ihre Mutter, die damals noch Kind war, erinnert sich noch genau an die Durchsage: „Die Bevölkerung in bedrohten Gebieten wird dringend aufgefordert, die oberen Stockwerke aufzusuchen. Sagen Sie bitte Ihren Nachbarn Bescheid." Später heulten die Sirenen. Ihre Mutter kämpft mit den Tränen, wenn sie davon erzählt. Sie saß zu diesem Zeitpunkt mit ihrem Bruder und ihrer Großmutter im umfunktionierten Klassenraum einer Schule auf einem der Feldbetten, die dort für die Evakuierten aufgestellt waren. Ihr Vater und der Großvater waren – ausgesetzt den Orkanböen und der eisigen Kälte – draußen am Deich, befestigten gemeinsam mit vielen anderen gefährdete Stellen mit Sandsäcken. Ihre Mutter, Mareikes Oma Lisa, unterstützte als Rote-Kreuz-Helferin das Technische Hilfswerk dabei, allein lebende Alte und Kranke in Sicherheit zu bringen. „Solche Angst habe ich nie wieder gehabt", beendet die Mutter meist ihren Bericht über die Katastrophe.

Inzwischen schnarcht Paul Dierksen ein bisschen, sein Albtraum scheint vorüber zu sein. Und Jonny sägt, dem Geräusch nach, im Schlaf besonders dicke Bretter. Auf den Sturm horchend, geht Mareike zurück auf ihren Wachposten. Doch es bleibt, bis auf den Sturm da draußen, ruhig.

Am nächsten Tag kommt Mareike früher als sonst zum Nachtdienst, um mit Herrn Dierksen behutsam über seinen Albtraum zu sprechen. In der Zeit nach dem Abendessen sind die meisten der Heimbewohner in ihren Zimmern, so können sie und der alte Herr in der Sitzecke neben Zimmer neun ungestört miteinander reden.

Schnell bringt sie das Gespräch auf den Sturm und sagt, dass er glücklicherweise aus Südost weht und keine Gefahr für diesen Teil der Küste darstellt. Und wie von selbst kommen sie auf die Februarflut von 1962 zu sprechen.

Ja, daran erinnert sich der alte Mann, als sei es gestern gewesen, und mit halb geschlossenen Augen erzählt er von der furchtbaren Angst, alles zu verlieren, das Leben, die Familie, Hab und Gut. Fast andächtig sagt er: „Der liebe Gott hat seine Hand über uns gehalten.“ Ihm liege es nicht, zu beten. Aber seine verstorbene

Frau, damals hochschwanger mit dem Sohn, hatte – so könne man sagen – eine gute Beziehung zum Himmel. Ununterbrochen habe sie Gebete gesprochen, nicht mit gefalteten Händen, dazu sei zu viel zu tun gewesen. Nein, sie habe voller Vertrauen – wie mit einem liebevollen Vater – mit Gott gesprochen, während sie Trinkwasser, Lebensmittel, eine Thermoskanne mit heißem Kaffee und anderes die Leiter hoch auf den Dachboden schaffte. Nicht zu vergessen die Tasche mit den Papieren, Bettzeug, Wolldecken.

Der alte Mann schaut auf; es ist, als nehme er Mareike erst jetzt wieder wahr. „Immer wieder betete sie darum, dass unser erstes Kind gesund zur Welt kommen möge, wenn alles vorbei sei. Dass der liebe Gott uns das Haus und die kleine Landwirtschaft erhalten möge, vor allem aber das Leben. Die Stromleitungen waren zu der Zeit längst unterbrochen, Licht spendeten Kerzen, das Radio war verstummt."

Das Grauen der Sturmflutnacht ist zu spüren, so plastisch erzählt der alte Herr Dierksen von der betenden Frau im flackernden Kerzenlicht auf dem Dachboden, vom Heulen des Orkans, vom Wasser, das still und gefährlich unter der Tür hindurchrann, mehr wurde, anstieg im Raum, den Korb für Feuerholz zum Schwimmen brachte. Der Zeitpunkt war gekommen, die Kühe loszumachen. Bei Überflutung hätten sie, angekettet im Stall, den sicheren Tod gefunden.

Da hatte es plötzlich an die Tür gepoltert und der Nachbar war in Ölzeug mit hohen Stiefeln hereingekommen. „Der Deich hat gehalten!“, hatte er knapp Entwarnung gegeben. Der Wind habe gedreht, die nächste Flut würde weniger hoch auflaufen.

„Und jetzt träumen Sie noch manchmal davon“, beginnt Mareike vorsichtig, nachdem Herr Dierksen geendet hat. Er sieht sie mit großen Augen an. „Mag wohl sein“, sagt er. „Seither machen mir schwere Stürme Angst.“ Er lacht verschämt. „Ihnen kann ich das ja sagen.“

Sie legt ihre Hand auf seine und antwortet: „Alle Menschen haben Angst. Angst zu haben ist so normal, wie sich zu freuen oder sich zu ärgern. Und viele ältere Menschen erleben nachträglich noch einmal die Ängste, für die es früher im Arbeitsalltag einfach nicht genug Platz gab.“ Als er schweigt, fügt sie mit einem ermutigenden Lächeln hinzu: „Und schon lange dürfen auch Jungs und Männer ihre Angst zeigen.“

Die letzten Worte hat Jonny aufgeschnappt, der sich, neugierig, was die beiden zu besprechen haben, dazusetzt. „Und weinen dürfen Männer eigentlich auch“, sagt er. „Es nützt nur nichts, das Angsthaben und das Weinen. Man muss da durch.“

„Aber man kann ja nichts dafür, wenn man Angst hat, man hat sie einfach“, verteidigt Paul Dierksen Mareikes Ansicht.

„Ihr Lieben“, sagt sie – und sie darf sich diese Anrede erlauben –, „ich würde mich ungeheuer freuen, wenn Sie beim nächsten Erzählkaffee dabei wären. Dann machen wir Sturm und Flut und Angst zum Thema. Erst einmal Angst. Traurigkeit bekommt einen eigenen Termin.“

Dann verabschiedet sie sich zu ihrem Nachtdienst. Im Weggehen hört sie, wie

Jonny „Weiberkram“ sagt. In der Tat treffen sich im Erzählkreis bisher vor allem Frauen. Aber sie ist überzeugt, dass es Paul Dierksen gelingen wird, seinen Kumpel zu überreden, wenigstens einmal, probeweise, dorthin zu gehen. Und nach 22.30 Uhr wird sie noch eine Zeit lang den Schlaf der beiden bewachen.

Weihnachtlich

In der Küche ist es warm und es duftet nach Kaffee. Yvonne nimmt die Pfanne vom Herd und verteilt Rührei auf zwei Teller. „Unser Zusammenleben ist für mich noch immer wie ein Traum“, sagt sie zu Martha, die schon am Tisch sitzt und wie an jedem Morgen in der Adventszeit eine Kerze anzündet. Aus dem Radio ertönt sehr leise klassische Musik.

„Mit einem Traum hat ja auch alles begonnen“, antwortet Martha fröhlich. Die beiden Frauen fühlen sich noch ganz im Zauber ihrer schicksalhaften Begegnung. Vor vierzehn Tagen noch waren sie verzweifelt gewesen und hatten nicht gewusst, wie es weitergehen sollte. Dann geschah das Wunder und jede von ihnen konnte das eigene Leben und das der anderen zum Guten wenden.

Während sie schweigend das leckere Rührei genießen, erinnert sich Martha an ihren Aufenthalt im Krankenhaus, an die mahnende Stimme des Arztes: „Sie müssen in ein Seniorenheim. Nur wenn Sie eine Pflegekraft engagieren, können Sie weiterhin zu Hause wohnen“, hatte er gesagt. Mit ihren Einschränkungen dürfe sie auf keinen Fall länger allein leben.

Es stimmte, sie konnte schlecht sehen, lesen seit Kurzem gar nicht mehr – und das war nur eines ihrer altersbedingten Probleme. Trotzdem hatte sich alles in ihr gegen den ärztlichen Rat gesträubt. Sie wollte weder in ein Altersheim umziehen noch konnte sie sich vorstellen, einem fremden Menschen ihr Haus zu öffnen und dann nie mehr wirklich für sich zu sein.

Ganz genau erinnert sie sich an ihre Grübeleien darüber, wie gut es wäre, eigene Kinder zu haben. Weil sie sich mit ihrem durch eine Polioerkrankung verkürzten Bein unattraktiv gefunden hatte, war sie ein intellektueller Blaustrumpf geworden, ein Fräulein geblieben, eine Vatertochter, die nie das Elternhaus verließ. Bis zu deren Tod hatte sie mit ihren vom Krieg traumatisierten Eltern zusammengewohnt. Das war ihre Familie gewesen. Auch manch ein Kollegium, manch eine der Klassen, in denen sie Klassenlehrerin gewesen war, hatte sich wie Familie angefühlt.

Das alles war längst Vergangenheit. Sie hatte sich gezwungen, zu überlegen, wie es weitergehen könnte, und vor dem Einschlafen darum gebetet, einen Ausweg zu finden. In einer der unruhigen Krankenhausnächte träumte sie dann von einer ersten Klasse, die sie vor langer Zeit unterrichtet hatte. Es waren arme Kinder gewesen, in einem Stadtteil, in dem benachteiligte Menschen lebten. Ein Korb mit Äpfeln für alle hatte im Klassenraum gestanden und eine Tüte mit Zwiebäcken für Kinder, die ohne etwas gegessen zu haben und ohne Pausenbrot in die Schule kamen. Zu ihnen gehörte die kleine Yvonne.

Zart und verletzlich wie ein Schmetterling kam das Mädchen in ihrem Traum über den Schulhof auf sie zugeflogen, kaum dass die Füße die Erde berührten. Yvonne. Ein Kind, das in besonderem Maße Gefühle zeigen konnte, Freude oder Verzweiflung über große und kleine Ereignisse. Wie lange hatte sie nicht mehr an diese Schülerin, überhaupt an diese Zeit in ihrem Leben gedacht.

Als am folgenden Morgen das Frühstück serviert wurde, war ihr der Traum noch ganz gegenwärtig gewesen. Die Pflegehelferin, die wie an jeden Tag mit einem freundlichen „Guten Morgen! Und guten Appetit!“ das Tablett vor sie hinstellte, hieß Yvonne. Das wusste sie schon. Doch der Traum hatte eine Verbindung hergestellt zwischen dem Kind von einst und der hageren, ein wenig verhärmt aussehenden Frau, die das Essen brachte.

Spontan hatte Martha, einer Eingebung folgend, einfach gefragt: „Erinnern Sie sich noch an Ihre erste Lehrerin?“

„Fräulein Simon!“, hatte Yvonne gerufen – und sie erst jetzt durch alle altersbedingten Veränderungen und Falten hindurch wiedererkannt. Rasch hatten sie sich für „nach Feierabend“ im Klinik-Café verabredet.

Dort war es leicht gewesen, bei Kaffee und Kuchen die alte Vertrautheit wiederzufinden und Du zueinander zu sagen. Bereits vor dreißig Jahren hatten sie sich gemocht, eine Art Seelenverwandtschaft gespürt.

Obwohl Yvonne wenig von sich erzählt, ahnt Martha, dass ihr bisheriges Leben von Enttäuschungen, Verlusten und Geldsorgen geprägt war. Neben dem Job im Krankenhaus hatte sie noch eine Putzstelle gehabt.

Seit einigen Tagen wohnt Yvonne nun bei ihr. Und es fühlt sich gut an. In dem großen Haus ist Platz genug. Sie kommen gut miteinander aus, fühlen sich auf freundliche Art verbunden und verantwortlich füreinander. Besonders lieben sie die Vorlesestunde am Abend.

„Zum ersten Mal seit dem Tod meiner Eltern freue ich mich wieder auf Weihnachten“, erklärt Martha. „Wir machen es uns richtig schön.“ Weil Yvonne nichts sagt, erzählt sie: „Früher, wenn ich am Heiligen Abend aus der Kirche in das leere, stille Haus kam, habe ich mich furchtbar einsam gefühlt. Aber dann habe ich Kerzen vor dem Bild meiner Eltern aufgestellt und mit ihnen gefeiert.“ Sie lächelt versonnen. „Meine Eltern werden sich freuen, dass du jetzt bei mir bist.“

Martha hat sich mit ihrem Augenleiden angewöhnt, mehr nach innen als nach außen zu schauen, und ist so voller Vorfreude, dass sie erst jetzt die Verzweiflung in Yvonnes Gesicht wahrnimmt. So hat ihre Schülerin sie als Kind angeschaut, wenn sie mit aller Kraft eine Aufgabe lösen wollte, dazu aber nicht imstande war, wenn sie zerrissen wurde von Anforderungen, die sie nicht erfüllen konnte.

„Liebes, was ist mit dir?“, fragt Martha bestürzt.

„Ich habe dir nicht gesagt, dass ich ein Kind habe“, bekennt Yvonne und beginnt zu weinen. „Und weil ich es nicht gleich gesagt habe, wurde es mit jedem Tag schwerer.“

„Wie alt ist es denn?“, erkundigt sich Martha pragmatisch. „Und bei wem lebt es? Oder ist es im Heim?“

Yvonne spürt wieder die lebenspraktische Wärme ihrer alten Lehrerin, kann beim Gedanken an ihr Kind schon wieder lächeln. „Pia ist vier“, sagt sie. „Sie lebt bei meiner Mutter. Einen Papa gibt es nicht.“

Martha wusste bisher nur, dass Yvonne aus der kleinen Wohnung ihrer Mutter zu ihr gezogen war. Ein Umzug mit der Straßenbahn. Sie hat es praktisch gefunden, dass Yvonne lediglich zwei Koffer und keine Möbel mitbrachte. Seit dem Tod der Eltern vor vielen Jahren gibt es Betten, Schränke, Tische, Stühle und gut gefüllte Bücherregale genug.

Ich hätte sie fragen sollen, ob sie ein Kind hat, denkt sie, und auch daran, wie schwer es ist, ein Kind zu haben, zu dem es keinen Vater gibt. Das geht ihr durch den Kopf, bevor sie sagt: „Natürlich feierst du mit deiner Tochter und deiner Mutter Weihnachten. Das ist doch klar!"

„Aber du …", widerspricht Yvonne leise. „Du bist dann wieder allein."

Martha wärmt sich die Hände an ihrem Kaffeebecher. „Wir könnten die beiden doch für den Heiligen Abend hierher einladen. Was hältst du davon?"

„Das wäre der Himmel!" Yvonne strahlt schon wieder. Im Innern sieht sie die beiden winzigen Zimmer, in die ihre Mutter sie und Pia aufgenommen hatte. Es gab nirgends eine bezahlbare Wohnung, als sie mit Pia die bisherige verlassen musste, weil das Mietshaus saniert werden sollte. Im Grunde weiß Martha fast nichts von mir, denkt Yvonne, sie vertraut mir einfach so. Das hat sie von Anfang an berührt. Und das einzig Schlimme, Peinliche, was sie immer versucht, unter dem Teppich zu halten, ist die Armut ihrer Familie, die Armut der Mutter und ihre eigene, dazu das Kind ohne Vater.

Doch Martha weiß, wie Yvonne aufgewachsen ist, und sie ahnt, wie es weiterging im Leben ihres kleinen, ein wenig scheuen Schmetterlings. „Deine Mutter kenne ich ja von damals“, sagt sie. „Ich freu mich darauf, sie wiederzusehen. Und wie ich mich auf deine Tochter freue, kannst du dir gar nicht vorstellen. So wie heute Weihnachten gefeiert wird, ist das doch für Kinder erfunden: der Tannenbaum, die Kerzen und Süßigkeiten, die Lieder – und Geschenke.“

Martha fühlt sich auf einmal wieder jung und unternehmungslustig. „Wir werden einen schönen Baum kaufen“, verspricht sie. „Und ihn so schmücken, wie es meine Eltern in meiner Kindheit getan haben. Es gibt noch einen Karton mit Weihnachtsbaumschmuck auf dem Dachboden, rote, grüne und silberne Kugeln, Paradiesvögel aus Holz, sogar eine Krippe mit wirklich schönen Figuren. Und Pia darf einen Wunschzettel schreiben. Ich weiß gar nicht mehr, was sich kleine Mädchen so wünschen. Und ein schönes Kleid suchst du für sie aus, Schuhe, alles was sie braucht."

Länger als sonst sitzen sie am Frühstückstisch und Yvonne liest nicht, wie an anderen Tagen, aus der Zeitung vor. Es gibt viel zu besprechen und zu planen. „Wie wäre es, wenn wir heute Nachmittag gemeinsam Weihnachtsplätzchen backen?", schlägt Martha schließlich vor. „Dann werden wir schon mal vertraut miteinander. Am besten, du rufst deine Mutter gleich an und fragst, ob die beiden Zeit und Lust haben, zu uns zu kommen. Wenn es am Nachmittag passt, kannst du sie mit dem Auto abholen und später wieder nach Hause bringen."

Martha spürt Yvonnes Glück. Das bringt sie auf immer neue Ideen. „Sie könnten in der Heiligen Nacht hier schlafen“, sagt sie. „Was hältst du davon? Du weißt ja, oben ist Platz genug. Du müsstest nur eines der Zimmer nett herrichten. Und am ersten Weihnachtstag zaubern wir zu viert ein richtig tolles Essen.“ Familie, denkt sie. Vielleicht bekomme ich in diesem Jahr zu Weihnachten ein Enkelkind. Vielleicht mag Pia „Oma Martha“ zu mir sagen. Das wäre das schönste Geschenk.

Alte Wünsche

Im Seniorenheim gibt es ein gemütliches Café. Regelmäßig treffen sich dort *Die jungen Alten*, eine Art Stammtisch, zu dem jede und jeder willkommen ist.

An einem Nachmittag im Advent hat sich bei Kaffee und Christstollen eine ungewöhnlich große Runde zusammengefunden. Das Gespräch dreht sich um dies und das, bis Beate von ihrer Urenkelin erzählt. Sophia wird im Krippenspiel am Heiligen Abend eine Hirtin spielen. „‚Eine Hirtin oder gar nichts!‘, soll sie gesagt haben“, berichtet die Urgroßmutter mit einem Lächeln.

„Frauenpower liegt bei euch wohl in der Familie“, witzelt Hartmut, der als Kind oft einen der Hirten gespielt hat. „Was anderes kam für uns Jungs nicht infrage. Damals wäre ein Mädchen in der Rolle undenkbar gewesen“, meint er.

„Na ja, wenn wir die Weihnachtsgeschichte historisch betrachten“, gibt Hans-Günter zu bedenken, „waren da vor zweitausend Jahren ganze Familien auf dem Felde bei den Tieren. Sicher, die Väter nannte man Hirten. Aber ihre Frauen, die Söhne und Töchter, haben gewiss bei der schweren Arbeit helfen müssen. Auf jeden Fall waren sie dabei."

„Ich war auch dabei", wirft Gisela ein. Alle schauen sie verwundert an. „Weil ich ein groß gewachsenes Mädchen war, musste ich mir am Heiligen Abend einen Bart ankleben, ein Fell umhängen und meine langen Haare unter einem Hut verstecken, um mitmachen zu dürfen, obwohl mein sehnlichster Wunsch war, die Maria zu spielen."

Ein Weilchen ist es still in der Runde. Alle mögen die freundliche, liebevolle Gisela. Weil sie, wenn es passt, freimütig über ihr Leben spricht, wissen die anderen in diesem Kreis, wie gern sie Mutter geworden wäre. Nun kommt es ihnen so vor, als sei der Freundin selbst als Kind schon die Mutterschaft an der Krippe verwehrt worden.

„Man wollte wohl keine Maria, die den Josef überragt", stellt Claus fest. Gisela schenkt Kaffee nach und der Teller mit dem Christstollen wird herumgereicht.

Als wieder Ruhe eingekehrt ist, sagt Roswitha in einem der lichten Momente, der ihre beginnende Demenz vergessen lässt: „Dann wirst du, meine liebe Gisela, in diesem Jahr die Maria sein!“ Mit leuchtenden Augen spricht sie von einem Krippenspiel „für uns“, wie sie sich ausdrückt. „Jede und jeder bekommt die Rolle, die sie oder er früher gern gespielt hätte. Oder eine, die jetzt grade passt.“

Ihre Begeisterung wirkt ansteckend. Nicht nur Gisela ist berührt von dem Enthusiasmus, mit dem die Idee aufgegriffen wird. Endlich gibt es etwas Richtiges zu tun. Hans-Günter notiert, wer welche Rolle übernehmen möchte. Wie vor achtzig Jahren wird Hartmut einer der Hirten sein. Beate bietet an, den Engelchor zu leiten und im Haus um weitere Sängerinnen und Sänger zu werben. „Wir üben ‚Kommet ihr Hirten‘, ‚Stille Nacht‘ und andere Weihnachtslieder zum Mitsingen ein“, verspricht sie. Hans-Günter hat den Einfall, die sangesfreudige Lore um eine ihrer Puppen zu bitten, damit die Krippe nicht leer ist. Wer Lores Zimmer kennt, weiß: Es ist von kleinen und großen Puppen bevölkert.

Dass Claus den Josef spielen möchte, löst einen weiteren kreativen Schub aus, denn Claus sitzt im Rollstuhl. „Der erste Josef im Rollstuhl! Ein Aufmacher für die Lokalzeitung“, amüsiert sich Sebastian.

Ivanka, die im Rahmen ihrer Möglichkeiten noch immer als Bildhauerin und Designerin aktiv ist, bietet an, himmlische Kostüme für die Darstellerinnen des Engelchors zu gestalten. Außerdem schlägt sie vor, Claus' Rollstuhl mit einem Papp-Esel zu kaschieren. „Dann reitet diesmal der Josef nach Betlehem“, äußert sie übermütig.

„Nein.“ Gisela schüttelt entschieden den Kopf. „Josef würde die schwangere Maria niemals zu Fuß gehen lassen, wenn er einen Esel besitzt.“

„Es gibt aber tatsächlich außerbiblische Erzählungen um die Geburt Jesu, in denen Josef ein alter Witwer ist“, erklärt Hans-Günter.

„Wie auch immer“, sagt Gisela. „Wenn eine etwas zu groß gewachsene Maria ihren Josef in einem Rollstuhl schiebt, das passt schon, denke ich.“

Mit einem Ernst, der ungewohnt an ihm ist, sichert Sebastian zu, beim Bühnenbild zu helfen. „Ihr habt für die Aufführung sicherlich an den großen Saal mit der erhöhten Bühne gedacht, wo alle größeren Veranstaltungen stattfinden“, vergewissert er sich.

Nach allgemeiner Zustimmung setzt er hinzu: „Wenn niemand etwas dagegen hat, spiele ich bei der Herbergssuche den Wirt und sage: ‚Die Häuser der Stadt sind zerbombt. Nur der Stall wurde verschont. Maria, komm nur, hier bei den Tieren findest du Wärme und Geborgenheit für die Geburt deines Kindes, das Frieden bringen möge in die Welt.‘“

Einige kennen Sebastians Lebensgeschichte. Als Zehnjähriger hat er die Bombennächte von Dresden nur überlebt, weil er bei der Großmutter auf dem Land war. Im Februar 1945 verlor er seine Mutter und die Geschwister.

Der Vorschlag findet Anerkennung. „Nun fehlen noch die Heiligen Drei Könige“, überlegt Gisela. Dass Amira, deren Wiege im Iran stand, und die seit Langem im Café für alles sorgt, an den Tisch kommt, beflügelt ihre Fantasie. Kam nicht einer der Könige aus Persien? Sie bittet Amira, sich neben sie zu setzen, und sagt: „Eine Maria mit grauen Haaren, ein Josef im Rollstuhl und der Stall in einer zerstörten Stadt. Warum nicht auch Drei Heilige Königinnen?“ Ohne eine Reaktion abzuwarten, legt sie den Arm um Amira und schlägt vor, dass sie eine davon spielt. „Natürlich nur, wenn du das magst und Zeit dafür hast“, wendet sie sich an die nicht mehr ganz junge Frau. Amira nickt überglücklich und sagt zu, für die beiden anderen Königinnen zwei Frauen aus ihrem Deutschkurs zu gewinnen. „Sie kommen aus Syrien und lieben Weihnachten“, erklärt sie.

Roswitha hat das Gespräch mit verträumtem Gesicht verfolgt. Nun bittet sie darum, der Engel sein zu dürfen, der den Hirten auf dem Felde die frohe Botschaft verkündet. „‚Fürchtet euch nicht‘, möchte ich sagen, ‚denn seht, ich verkünde euch eine große Freude.‘“ Ihre Stimme klingt fest und klar, doch die ihr nahestehen, müssen die Tränen zurückhalten. „Fürchtet euch nicht!“, wird die Freundin sagen, die früher so viel mehr als andere politischen Durchblick hatte, sich bis zur Grenze ihrer Möglichkeiten engagiert hat.

Vielleicht macht sie sich und allen Mut, das allmähliche Vergessen des Alltäglichen, die sich in ihrem Geist ausbreitende Verwirrung nicht als Abgleiten in die Dunkelheit, sondern als Weg zum inneren Kind anzunehmen. Als einen der Wege ins Licht.

Über die Autorin

Renate Schoof, geboren in Bremen, lebt als freie Schriftstellerin in Göttingen. Nach einer Ausbildung im Buchhandel arbeitete sie als Dokumentarin bei der Deutschen Presse-Agentur in Hamburg; anschließend studierte sie Pädagogik und Germanistik und war neun Jahre als Lehrerin tätig. Von ihr erschienen bisher mehr als zwanzig Bücher, u. a. die Romane „Blauer Oktober“ und „Alle Wünsche werden erfüllt“, das Sachbuch „Geheimnisse des Christentums – Vom verborgenen Wissen alter Bilder“ sowie der Erzählungsband „In ganz naher Ferne“ und mehrere Gedichtbände.

Weitere Informationen:
www.renateschoof.de